生活科学テキストシリーズ

衣服材料学

平井郁子　松梨久仁子
［編著］

雨宮敏子　　　榎本雅穂
河原 豊　　　　島上祐樹
竹本由美子　　谷 祥子
長嶋直子　　　濱田仁美
村瀬浩貴　　　矢中睦美
由利素子
［著］

朝倉書店

編著者

平井　郁子　　大妻女子大学キャリア教育センター教授

松梨　久仁子　日本女子大学家政学部准教授

執筆者（五十音順）

雨宮　敏子　　お茶の水女子大学基幹研究院自然科学系助教

榎本　雅穂　　京都女子大学家政学部教授

河原　豊　　　群馬大学大学院理工学府教授

島上　祐樹　　名古屋学芸大学メディア造形学部講師

竹本　由美子　武庫川女子大学生活環境学部講師

谷　祥子　　　鎌倉女子大学家政学部准教授

長嶋　直子　　金城学院大学生活環境学部准教授

濱田　仁美　　東京家政大学家政学部准教授

村瀬　浩貴　　共立女子大学家政学部教授

矢中　睦美　　文化学園大学服装学部教授

由利　素子　　文化学園大学服装学部教授

はじめに

　人間にとって衣服は，必要不可欠なものである．素材の発展はめざましく，従来の天然繊維や化学繊維への加工技術に加えて，新しい化学繊維も日進月歩で研究が進んで，思わぬところに新しい繊維が使用されている．このような新しい繊維に対して，われわれはあまり知らずに，話題性や広告だけで購買したり着用したりしているのが現状である．衣服の国内生産が減少し，多くが輸入品となった今日，衣服材料について学ぶ場が少なくなってきている．さらに，消費者のグローバル化も進み，どこで生産された繊維であるかなど，あまり気にも留めなくなってきている．このようにわれわれが身に着けている衣服についての知識が不足した状態で，安全・安心な衣服を着用することは，難しいのではないだろうか．化学繊維や合成繊維が初めて出現したときのように，いろいろな事故が出現してからでは手遅れである．われわれが日常着用している身近なものであるからこそ，衣服材料の知識は必要であり，その教育は大切であると考える．

　本書は，おもに家政系，被服系，服飾系の短期大学から大学までの教科書として，また，1級・2級衣料管理士養成のための教科書として，衣服材料学の基礎から応用まで網羅した内容となっている．さらに衣服材料に興味を持つすべての方にも愛読していただけるように配慮している．

　本書は，次のようなところに工夫している．

　ⅰ）できるだけ分かりやすい言葉を使い，専門用語にはルビをつけ，説明を付記した．さらに，必要な説明，関連する情報を右欄に加えた．図や表，写真を多く用い，より容易に理解できるようにした．

　ⅱ）従来ある衣服材料に加え新しい衣服材料や加工など，できる限り取り入れるように心がけた．新しい話題については，コラムを設け，読者が衣服材料に興味をもてるような工夫をした．また，興味を抱いた読者が学修をより深めることができるように，各パートの末尾には，適宜参考文献・引用文献を記述した．

　ⅲ）衣服材料の解説にとどまらず，その材料が糸，布，衣服になったときの物理的，化学的性質や着用時の快適性についても解説を加えた．

　ⅳ）冒頭にも述べたが，衣服の生産は海外で行われ，大部分が輸入品である．衣服材料である天然繊維や化学繊維の生産・消費の現状についても知っておく必要があると考え，生産と消費の統計を加えた．さらに，家庭用品品質表示法に規定されている繊維の組成表示，新しい取扱い絵表示についても解説を加えた．

　以上のように，いろいろなところに工夫を凝らして執筆したが，何かお気づきの点があれば，ぜひご指摘いただけたら幸いである．

　2020 年 3 月

平井　郁子

目　　次

1 序　　　論

―衣服材料としての繊維と繊維製品の特徴―

　衣服[*1]は第2の皮膚といわれるように私たちにとって大変身近なもので，入浴時以外，ほぼ丸1日着用している．そして，この衣服は誰もが知っているとおり，その大部分は布地で作られている．なぜ，布は服の材料として使用されるのだろうか．まず第1に，肌への感触が良く，柔らかくて，引っ張ったり曲げたりすると簡単に変形する．布はこのように変形しやすい素材であるため，立体的な形をしている人間の体をうまく包み，体のさまざまな動きにも追随することができる．また，体から出る汗や水蒸気などの水分を吸い取って外に放出し，暑いときは熱を逃がし，寒いときは保温性があるなど多くの機能を兼ね備えているため，衣服の素材として適している．このことは，後述するが，布が繊維からできているからにほかならない．

　このように布は衣服素材としてとても優れているが，布がどのように作られているのかが，布の性質に大きく影響する．たとえば，同じ綿素材でできたYシャツとTシャツを比較してみる．同じ繊維素材であっても，両者の性質や性能が大きく異なることは，日頃の衣生活の中でだれもが十分承知していることであろう．これは，布の製造法の違いに起因しており，Yシャツは糸を織ることにより作られた織物からできており，Tシャツは糸を編んで作った編物からできている．

　図1.1に織物と編物の写真を示す．織物はたて糸とよこ糸が直角に交わって作られているのに対し，編物は糸がループ状になっている．布中のこの糸の形状の違いがYシャツとTシャツの性能の違いとなって現れる

[*1]衣服のJISでの定義は「かぶりもの，はきものなどを除いた被服」である．被服は「人体を覆う目的で着用するものの総称」で，衣料は「被服の同義語」である．実際のところ，これらの用語をあまり区別しては使っていない．

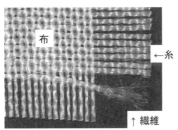
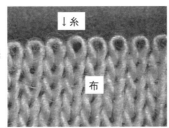

織物　　　　　　　　　　　　　　　　編物（ニット）
織物はたて糸とよこ糸をほぼ直角に　　編物は糸をループにしてこのループ
交錯させて形成される．　　　　　　　を連結させて形成される．

図1.1　布の外観

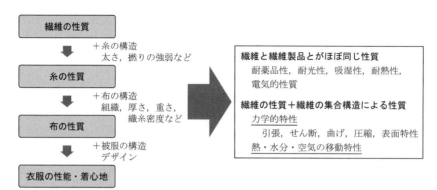

図1.2　衣服材料（繊維製品）製造の流れと付与される性質

（第4章で解説）．また，これらの糸はさらに細いものでできている．これが繊維で，布の最小単位である．なお，織糸間やループ間には隙間がみられ，ここには空気が存在している．すなわち，布は繊維の集合構造体（繊維製品）であり，さらにいえば，布は繊維と空気の複合材料である．

　布の性質はどのように決まるのだろうか．布は繊維から段階を踏んで作られていく（不織布のように繊維から直接布を製造する場合もある）が，繊維から作られる糸は，その原料である繊維の性質の影響だけでなく，加えて糸の製造条件や構造の影響も受ける．その糸から作られる布の性質は，糸の性質とさらに布の構造が複合されたものとなる．つまり，布が作られていく過程で多くの要因が加わりながら，最終的な布の性質や性能が決まっていく（図1.2）．つまり，布（繊維製品）の性質には繊維由来の性質と，糸や布の構造に由来する性質がある．

　表1.1に天然繊維の太さと長さを示す．繊維の太さは15 μm から80 μm 程度で，非常に細い．それに対して繊維長は，一番短い綿繊維でも20 mm（20,000 μm）程度はあり，細くて長い[*2]ことが分かる．この細くて長いという点が，布の性能にとって大変重要となる．細くて長いことは何が利点なのだろうか．それは，細くて長いものは曲げやすく，たわみやすいということである[*3]．

　このように細くて長い繊維，つまり大変しなやかで柔らかい繊維を使って糸は作られるわけであるが，図1.1中の織糸や編糸，糸の外観を観察すると，糸中の繊維と繊維の間には，前述のように隙間が認められる．繊維間に空間があるということは，これらの繊維同士はくっついているわけではないため，糸を曲げるときには繊維同士がずれて自由に曲げる

*2 繊維や糸の幅（直径）に対する長さの比をアスペクト比といい，アスペクト比が大きいほど細長いことを意味する．繊維のアスペクト比は100以上とされるが，一般的には1,000以上である．

表1.1　天然繊維の太さと長さ

繊維の種類		太さ（幅）（μm）	長さ（mm）
綿	海島綿	15〜17	45 〜 55
	エジプト綿	16〜18	30 〜 45
	米綿	18〜20	25 〜 35
	インド綿	20〜24	20 〜 30
麻	亜麻	15〜24	20 〜 30
	ラミー	20〜80	20 〜 200
毛	羊毛（メリノ種）	18〜27	70 〜 110
	羊毛（英国種）	27〜54	80 〜 300
	モヘア	23〜43	100 〜 300
	カシミア	15	30 〜 125
絹	家蚕絹	16	1,200 m

注：1 μm = 1/1,000 mm．絹の長さの単位は m．

ことができる.

　また, 繰り返しになるが, 織物はたて糸とよこ糸が交わること（交錯）により, 編物は糸がループとなってそのループが連結することにより布が形成されるため, 布中の糸は完全に固定されているわけではない. したがって, 布に外力が加わったとき, 糸同士にある程度の自由度をもつため, 本来の繊維がもつしなやかさが損なわれることなく, 織糸やループがずれて布は容易に変形することができる[4][5]. そのため, 複雑な体の曲面と動作によって布にはさまざまな変形が生じるが, 本来の繊維がもつしなやかさが損なわれることなく, きれいな曲面形成が可能になる.

　また, 布中の空気の存在は布がかさ高となり, 軽く, 弾力をもち圧縮しても柔らかくなる. 空気の熱伝導率はきわめて低いため, 断熱性をもち冬は暖かく, 夏は涼しさを得ることができる. 隙間があるというのは空気を通しやすく, 人体から出た水蒸気などを吸収したり外に逃がすこともできる.

[松梨久仁子]

[3] 繊維の太さが半分になると曲げるために必要な力は 1/16 になり, 逆に繊維の直径が 2 倍になると 16 倍曲げにくくなる（2.3.2 項 b 参照）.

[4] 紙などは繊維同士がずれることができず, 折れたり破れたりする.

[5] もし布が接着剤などで固定されてしまうと, しなやかさも失われる. 糊付けがその例である.

2 繊 維

2.1 繊維の構造

　衣服材料を構成する基本単位が繊維である．繊維とは，「糸，織物などの構成単位で，太さに比して十分の長さをもつ，細くてたわみやすいもの」と定義されている（JIS L 0204-3）．太さは直径10〜数10 μm（マイクロメートル）程度の大変細いものである（1 μm＝1/1,000 mm）．1本の糸が複数の繊維で構成されていることが普通である[*1]．とても細いことは重要で，繊維の直径が50〜60 μmよりも太くなると，皮膚への刺激が強くなる（羊毛のセーターがチクチクする原因）．また，細い繊維が集合することで糸の内部に空間が生まれる．この繊維間の空間の量や形は，衣服材料の性質を左右する重要な構造的因子である．空気は，繊維に比較して約10倍熱を伝えにくい．繊維間に空気がたくさん含まれるほど，身体の熱が外気に逃げにくい布，すなわち暖かい布になる．たとえば，毛糸のセーターが暖かいのは，糸が空気をたっぷり含んでいるからである．また，この繊維間の空間は，汗を吸い，その汗を衣服外部への放出に導く経路として機能する．繊維の太さや，断面の形を工夫して，この空間に汗を速やかに導くことができる吸汗速乾繊維が実用化されている．

　また，繊維の化学的な性質も重要である．たとえば，繊維が気体の水を吸収する性質（吸湿性）には，繊維を構成する物質の化学構造が強い影響をおよぼす．汗をかかないように静かに座っていても，私たちの身体からは常に水が蒸発している[*2]．この水の量は，1日に500 mLのPETボトル1本分以上に達する．この身体から蒸発した水分が，衣服の中にとどまって衣服と身体の間の空間の相対湿度が約70％を超えると，着用者の不快感が高まる．繊維が水分を速やかに吸収してくれると，不快感は緩和される．以上のように，衣服の性質を理解する上で繊維や繊維集合体の構造について知ることはとても重要である．

2.1.1 短繊維（ステープル）と長繊維（フィラメント）

　私達の衣服には，さまざまな種類の繊維が使用されている．たとえば，綿やポリエステルなどの繊維名は日常的に目にすると思う．衣服の性質は，使用されている繊維の種類に強い影響を受けるので，繊維の名称と性

[*1] 非常に太い1本の繊維を単独で用いることも産業用繊維ではあるが，衣服用ではまれである．

[*2] **不感蒸泄**
何も感じない状態（無自覚）で，皮膚や気道から蒸発する水分．

質を記憶することは重要である．一方，繊維は長さで2種類に分類することができる．その2種類とは，「短繊維」と「長繊維」である．その名のとおり，数cm程度の短い繊維を短繊維とよび，きわめて長い繊維を長繊維とよぶ．綿，麻などの植物繊維および，羊毛などの獣毛は短繊維である．天然繊維では，絹だけが長繊維である．一方，化学繊維は，長繊維と短繊維のどちらも製造可能である（長繊維を短く切ることで短繊維が得られるため）．短繊維をステープルファイバーあるいは単にステープルとよぶことがある．短繊維を用いて糸を作る方法を紡績といい，紡績によって得られた糸を紡績糸という（図2.1）．紡績糸は，短い繊維の集合体であるため，糸

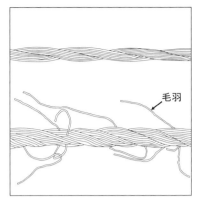

図2.1　フィラメント糸と紡績糸
上：フィラメント糸，下：紡績糸

の表面に繊維の末端が飛び出している部分（毛羽，ケバ）が多数存在する．一方，長繊維を用いた糸（フィラメント糸）は，毛羽がほとんどないため，平滑で光沢に富む．したがって，紡績糸を使うかフィラメント糸を使うかによって，布の手触り，温冷感や光沢感が異なるのである．どちらが良い悪いということではなく，用途に応じて短繊維と長繊維を使い分けている．

2.1.2　分子，高分子

　物質に最小単位があることは紀元前のギリシャ人がすでに洞察していたが，実験的にその存在が確認されたのは20世紀に入ってからである．元素の最小単位である原子が，2つ以上化学結合したものが分子である．たとえば，水の分子は，水素原子2個と酸素原子1個が結合したものである．水分子は，比較的小さな分子であるが，衣服材料の繊維を構成する分子は高分子という大きな分子に分類されるものである．高分子は，単量体とよばれる基本単位となる分子が多数（百数十個から数百個以上）化学結合により連結したものである．ひものように長い分子とイメージしてもよい（図2.2）．単量体の化学構造は，高分子の種類に応じて異なる．衣服材料でよく用いられる高分子の例を図2.3に示す．綿は，セルロースという高分子でできている．セルロースは，植物の細胞壁を構成する主要な分子であり，地球上にもっとも多量に存在する高分子である．基本単位は，セロビオース[*3]という分子である．このセロビオース分子が，数百個〜数千個結合して1つのセルロース分子となっている．セルロースの分子は，植物細胞の細胞膜表面にあるセルロース合成酵素群（酵素とはタンパク質でできている生体触媒である）を駆使した複雑な生体システムを用いて合成される（そのシステムの全容はまだ解明されていない）．また，羊毛

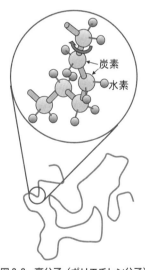

図2.2　高分子（ポリエチレン分子）の状態を示す模式図

[*2] **セロビオース**
グルコースが2つ
β1,4結合でつながった分子．

や絹を構成しているのはタ
ンパク質であるが，これも
複数種類のアミノ酸という
単量体が多数結合した高分
子であり，細胞内の核酸と
タンパク質合成酵素群によ
る複雑なシステムにより合
成されたものである．これ
らの植物や動物が産生する
高分子を天然高分子と総称
する．同様に，ポリエステ
ルやナイロンも単量体が数
百個結合したものである
が，こちらは石油や石炭由
来の化学物質を原料として
人為的に創り出した高分子
であるため合成高分子とい
う．

天然高分子

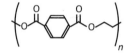

(a) セルロース分子（綿，麻）

半合成高分子

R: COCH₃ or H

(b) セルロースアセテート（アセテート繊維）

合成高分子

(c) ナイロン6分子（ナイロン繊維）　　(d) ナイロン6,6分子（ナイロン繊維）

(e) PET*⁴分子（ポリエステル繊維）　　(f) ポリアクリロニトリル分子
（アクリル繊維）

図2.3　各種高分子の例
それぞれ，括弧内が繰返し単位の分子構造である（一部の炭素と水素を省略した表記に
なっている）．括弧の添え字の n は，繰返し単位の数が複数であることを示している．

*⁴ PET ＝ポリエチレ
ンテレフタレート

　図2.2に示したポリエチレン分子は，エチレンという単量体が多数連結
した分子構造をもつひものように長い分子である．炭素（C）間の結合角
は112°であり，図中に円弧状の矢印で示すように結合方向を軸として自由
に回転できるので，ポリエチレン分子は色々な形になることができる．

　高分子はひものように長い分子であることが原因で，低分子とは異なる
性質を示す．たとえば，ひものように長くて大きいため，低分子よりも動
くのが遅い．液体の低分子（たとえば常温の水）は，激しく動いている．
一方，高分子はひものように長いので分子全体としてはゆっくりとしか運
動できない．とくに，分子量が約1万を超えると分子同士が互いに絡み合
うようになり，さらに分子運動が遅くなる．このことは，合成繊維の製法
である紡糸工程で重要な意味をもつ．分子運動が遅いために，高分子の液
体の粘度は水のような低分子に比較してきわめて高い（要するにネバネバ
している）．そして，高分子の液体は，粘度が高いため細く引き伸ばして繊
維を作ることができる．また，固体状態においても低分子とは異なる性質
を示すが，それは2.1.3項で述べる．

2.1.3　結晶領域と非晶領域

　低分子の固体構造は，結晶もしくはガラスである．結晶は，分子が3次
元的に規則正しく並んだ状態である．一方，ガラスは，液体の分子運動を
止めたような状態で，分子間の相互位置に結晶ほどの明確な規則性はな

い．結晶を形成する低分子の場合，固
体中のほぼすべての分子が結晶になっ
ている．一方，高分子の固体は，結晶
とガラスが混じり合った状態になって
いることが多い．このような性質を示
して，半結晶性とよぶことがある．ま
た，温度によってはガラスよりも液体

表2.1　代表的な高分子のガラス転移点と融点

高分子名	ガラス転移点（℃）	融点（℃）
PET	69	255〜260
ナイロン6	40	215〜220
ナイロン6,6	50	250〜260
ポリアクリロニトリル	105	−
セルロース	208	−

に近い状態の場合もある．この結晶ではない（ガラスもしくは液体に近い
状態）領域を総称して非結晶あるいは非晶とよぶ．低分子・高分子に限ら
ず，結晶およびガラスを加熱すると，ある温度以上で液体に変化する．結
晶から液体，および，ガラスから液体に変化する温度を，それぞれ融点お
よびガラス転移点とよび，その温度は分子の種類に応じて決まっている．
衣服に用いられる代表的な高分子の融点とガラス転移点を表2.1に示す．

　衣服材料として，融点やガラス転移点の重要性を以下に説明する．PET
の融点は約260℃であり，これより高い温度では結晶は融けて液体となる．
ポリエステル繊維は，300℃ほどの温度に加熱して液体となったPET樹脂
を小さな孔から押し出し，それを伸長して細くし，冷却して再び固体にし
て繊維を得る（この方法を溶融紡糸という）．このようにして得られたポ
リエステル繊維は，結晶と非晶の混合状態であり，おおむねそれぞれが1：
1ぐらいの体積比である（全体の体積の半分が結晶で，半分が非晶）．室温
では非晶部分はガラスであるが，80℃以上に加熱するとガラス転移点を超
えてガラス部分が液体となる．全体の半分は結晶であるため，繊維は固体
としての形態を保つが，柔らかくなる．この現象を利用して，ガラス転移
点以上でポリエステル繊維の布に折り目をつけ，その後室温に戻すと再び
非晶部がガラス化して折り目の変形が固定される．この過程をヒートセッ
トとよび，ポリエステル繊維の布にはプリーツをしっかりとつけることが
できる．一方，アイロンの温度を高くしすぎると，同じ現象で繊維が柔ら
かくなって，アイロンの圧力によって繊維が変形し，テカリの原因となる
ので注意が必要である．綿や麻，レーヨンはセルロースでできている．セ
ルロースには明確な融点が観察されない．高温で溶けることはなく，
200℃以上の温度で分子の分解が始まり，茶色く変色するので注意が必要
である．セルロース系の繊維にプリーツがつけにくいのは，ガラス転移点
が分子の分解温度近くにあるためである．また，水や染料と結晶・非晶構
造の関係も重要である．結晶内部では分子が緻密かつ整然と配置している
ため，水や染料のような小さな分子でも結晶内部に入ることができない．
一方，非晶領域には入ることができる．したがって，繊維中の結晶と非晶
の量に応じて吸湿性や染色性が変化する．綿，麻，レーヨンを構成する分
子はセルロースであるが，それぞれ吸湿性が異なる．それは，非晶の量が

異なるからである．繊維中の結晶と非晶の体積比は，さまざまな分析法で調べることができる．たとえば，結晶は非晶に比較して分子が緻密に配置しているため密度（単位体積あたりの質量）が高い．完全結晶と完全非晶のそれぞれの密度があらかじめ分かっている高分子（たとえばポリエステル繊維の高分子である PET）は，繊維の密度を測定することで結晶の体積比（結晶化度）を推定することができる．JIS L 1013 に規定されている密度勾配管を用いる方法は簡便かつ精度が高い密度測定法であり，繊維を生産する工場の品質管理などで使用されている．

　高分子はひものように長い分子であるため，結晶構造は低分子にはない特徴がある．1957 年に Keller, Fisher, Till はそれぞれ独立に，ポリエチレンを高温の溶媒に溶かした後にゆっくり冷却すると，薄く平たい結晶が析出することを発見した．ポリエチレンは高分子なので，ひものように長い分子であるが，この平板結晶の厚さは明らかに分子の長さよりも薄い．どのように結晶の内部に分子が配置されているかというと，分子は折り畳まれているのである．この分子が折り畳まれた結晶は，多くの高分子で一般的に観察されることが後の研究で明らかとなった．繊維の内部においても，この分子が折り畳まれた結晶は存在している．繊維の内部において高分子がどのように存在しているか色々なモデルが提案されているが，その1つを図2.4に示す．図に示すように，分子の長手方向の軸は繊維の長軸方向に向いている．ただし，繊維の中に存在するほとんどの結晶において分子が折り畳まれている．このとき，分子が折り畳まれた部分間（図中の A の円で囲った部分）は，分子間力程度のとても弱い力で引き合っているだけなので，繊維軸方向へ伸長するとこの部分は簡単に変形する．繊維の強さを支えているのは，図中 B の円で示したような結晶間をつなぐ分子と考えられている．これらの分子を，結晶間をつなぐ分子という意味でタイ（tie）分子とよぶことがある．

[村瀬浩貴]

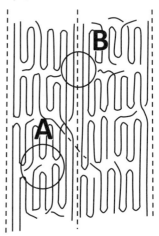

図 2.4　繊維内部での分子配列を示す模式図
Peterlin の繊維構造モデル（Peterlin, 1969）をもとに一部を改変してある．繊維の長軸方向は，紙面の上下方向である．黒線は，高分子を表現している．繊維には，直径数十～数百 nm の細いフィブリル（単繊維を構成する細い繊維状物質）状の構造が存在することが多い．図中の点線は，そのフィブリル構造の界面を表現している．

参 考 文 献

A. Peterlin（1969）*J. Polym. Sci., A-2*, **7**, 1151-1163.

2.2　分　　　類

　図2.5に衣服に使われているおもな繊維の分類を示す．繊維はまず天然繊維と化学繊維に大きく分けられる．さらに天然繊維は植物繊維と動物繊維に，化学繊維は天然高分子を原料にして作られる再生繊維と天然高分子

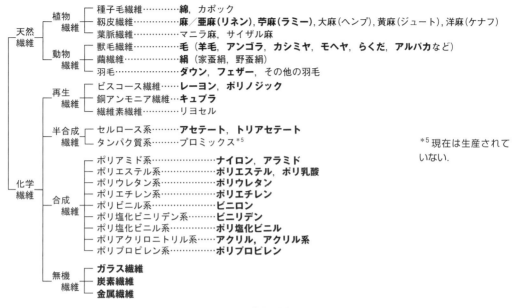

植物繊維
- 種子毛繊維…………**綿**，カポック
- 靱皮繊維…………**麻／亜麻（リネン）**，**苧麻（ラミー）**，大麻（ヘンプ），黄麻（ジュート），洋麻（ケナフ）
- 葉脈繊維…………マニラ麻，サイザル麻

動物繊維
- 獣毛繊維…………**毛（羊毛，アンゴラ，カシミヤ，モヘヤ，らくだ，アルパカ**など）
- 繭繊維…………**絹**（家蚕絹，野蚕絹）
- 羽毛…………**ダウン**，**フェザー**，その他の羽毛

再生繊維
- ビスコース繊維……**レーヨン**，**ポリノジック**
- 銅アンモニア繊維…**キュプラ**
- 繊維素繊維…………リヨセル

半合成繊維
- セルロース系………**アセテート**，**トリアセテート**
- タンパク質系………プロミックス*5

合成繊維
- ポリアミド系…………………**ナイロン**，**アラミド**
- ポリエステル系………………**ポリエステル**，**ポリ乳酸**
- ポリウレタン系………………**ポリウレタン**
- ポリエチレン系………………**ポリエチレン**
- ポリビニル系…………………**ビニロン**
- ポリ塩化ビニリデン系………**ビニリデン**
- ポリ塩化ビニル系……………**ポリ塩化ビニル**
- ポリアクリロニトリル系……**アクリル，アクリル系**
- ポリプロピレン系……………**ポリプロピレン**

無機繊維
- **ガラス繊維**
- **炭素繊維**
- **金属繊維**

天然繊維｛植物繊維，動物繊維｝　化学繊維｛再生繊維，半合成繊維，合成繊維，無機繊維｝

図 2.5　繊維の分類

*5 現在は生産されていない．

の一部を化学変化させて原料にした半合成繊維，合成高分子から製造される合成繊維，繊維状の無機物質である無機繊維に分けられる．

　図中の太字で示した繊維は，家庭用品質表示法*6による指定用語である．羊毛以外にさまざまな獣毛繊維があるが，これらを総称して毛と表示することができる．指定用語になっていない繊維は，分類外繊維として，「毛（ビキューナ）」，「再生繊維（リヨセル）」のように表示する．

*6 6.3節参照．

2.2.1　天然繊維

a. 植物繊維

　植物を原料とする繊維を植物繊維という．植物繊維の代表的な繊維は綿と麻である．そのほか，カポック，パイナップル繊維，竹繊維，バナナ繊維などがある．ここでは綿と麻について解説する．

①綿

　綿は天然繊維の中でもっとも多く生産され消費されている．綿花は赤道を挟んだ温帯地域で栽培されており，おもな生産国はインド，中国，アメリカ，パキスタン，ブラジルなどである．

綿花の種類

　綿はアオイ科ゴシピウム属（ワタ属）の植物で，世界の綿花は新大陸生まれのヒルスツム*7とバルバデンセ*8，旧大陸生まれのアルボレウム*9とヘルバケウム*10の4つに分類される．

綿の品質

　綿の品質はグレード（カラーグレードとリーフグレード）と繊維の長さ

*7 ヒルスツムはメキシコ南部，中央アメリカ発祥で，アメリカで品種改良されたものがアップランド綿である．現在栽培されている綿花の約90%を占める．そのほか，オーストラリア綿，中国綿（超長綿を除く），メキシコ綿などがある．

*8 バルバデンセはペルー北部が起源と考えられる．ペルー綿，シーアイランド綿（海島綿），エジプト綿，スーダン綿などがある．インド綿，中国新疆綿もこの仲間である．そのほか，ヒルスツムと掛け合わせたものにアメリカ・ピマ綿があり，その中でもとくに品質が高く高級なピマがスーピマ綿である．

表2.2 綿花の繊維長による分類と品種

分類	繊維長 (mm)	代表的な品種
超長繊維綿	34.9以上	シーアイランド綿，スーピマ綿，エジプト綿，ペルー綿，インド綿（スビン）
長繊維綿	28.6〜33.3	スーダン綿
中長繊維綿	26.2〜27.8	アップランド綿
中繊維綿	20.6〜25.4	パキスタン綿
短繊維綿	20.6未満	デシ綿（インド，パキスタン）

［日本繊維技術士センター（2016），日本綿業振興会（2001）から作成］

図2.6 綿の花
（アップランド綿）

図2.7 コットンボール

*9 アルボレウムはインドのインダス川流域が原産とされ，アジア綿とよばれる．繊維の長さが短いため，おもに布団綿や脱脂綿などに利用される．商業ベースで栽培されているのは，現在，インドやパキスタンのデシ綿のみである．明治初期まで日本で栽培されていた綿花もこの品種で，現在，和綿とよばれて細々と栽培されている．

*10 ヘルバケウムは現在ではほとんど栽培されていない．

とキャラクターで格付けされる．キャラクターとは，繊度*11（太さ），強度，天然より，柔軟性などである．繊維長は，ICAC（国際綿花諮問委員会）によって5段階に分類される（表2.2）．細くて繊維長が長く，光沢があり天然よりの多いものほど高級品とされる．

繊維の生長と構造

綿はつぼみがついて20日ほどで白あるいは黄色い花を咲かせる（図2.6）．やがてピンク色になり，紅色変化して開花後1から2日で落花し，子房が膨らみ，蒴を形成する．成熟すると蒴が裂けて綿花（コットンボール，図2.7）となる．

綿繊維（リント）は種子の表皮細胞が生長した種子毛繊維である．図2.8に綿繊維の生長過程を示す．第1期は伸長生長により第1次細胞膜が形成される．第2期は肥厚生長により第1次壁の内側にセルロースの薄い膜が1日1層ずつ20〜25層が年輪状に沈着し，第2次細胞膜を形成する．地毛（リンター）は短い繊維細胞で，綿繊維としては使えないため再生繊維のキュプラの原料となる*12．

綿繊維が露出すると水分を失って，図2.9

*11 **繊度**
繊維の太さのこと．繊維断面は円形とは限らないため，直径で表すことは難しい．そのため，テックス（tex），デシテックス（dtex），デニール（D）で表す．3.3.2項参照．

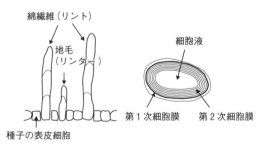

図2.8 綿繊維の生長過程
［日本綿業振興会（2001）］

に示すように断面はつぶれてそら豆あるい
は馬蹄形（ばていけい）のようになり，断面の中央部はも
ともと存在していた細胞液が乾燥して空洞
となってルーメン（中空）が残る．それと
同時に側面は天然のよりを生じ，扁平なリ
ボン状になる．この天然のより数は品種に
より異なる．

　綿繊維の微細構造は図2.10に示すよう
に多層構造である．第1次細胞膜は，ミク
ロフィブリルとよばれる細い繊維が束をな
して網目を作っている．その下に第2次細
胞膜があり，年輪のように25層にもおよ
ぶ層状構造をしており，それぞれの層はや
はりミクロフィブリルからなっている．ミ
クロフィブリルは繊維軸に対して約30°の
角度をなして並んでおり，途中で反転す
る．その反転するポイントが綿繊維のよじ
れになる部分である．また，表皮はペクチン質や
ワックスを多く含むため，原綿は水をはじく．こ
れらを除いた精練された綿の吸水性は高く，染色
やそのほかの加工が容易になる．

　このミクロフィブリルはセルロース（2.1.2項
参照）とよばれる天然高分子からできている．セ
ルロースはβ-グルコース（$C_6H_{12}O_6$）が1,4-グルコシド結合した単量体
（セロビオース）が重合してつながった多糖類である（図2.11）[13]．nは重
合度を示す．綿の重合度は2,000～3,000といわれる．

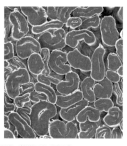

図2.9　繊維の形態（側面と断面）

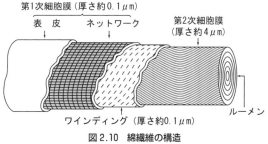

図2.10　綿繊維の構造
[繊維学会（1994）から作成]

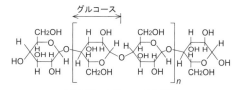

図2.11　セルロースの構造

綿の特徴

　天然のよりがあるため，繊維同士が絡み合いやすく紡績性が高い．ま
た，断面が円ではなく偏平で中空であるため，柔軟で適度な弾力があり，
肌触りが良く，中空および繊維間に含まれる空気によって保温性も良好と
なる．布団を干すとふっくらするのは，使用中に圧力と湿気で押しつぶさ
れた中空の中の空気が膨張するためといわれる．

　不純物が取り除かれた綿は吸水性に富み，汗をよく吸収する．吸収した
汗は蒸発することで熱が奪われ涼しさを感じる．親水基のヒドロキシ基
（-OH）をもつため，吸湿性に富む（公定水分率8.5%）．このように水と
の親和性の高い繊維を親水性繊維という．丈夫で水に濡れると強度が増
す[14]という特徴があり，アルカリに強く[15]弱アルカリ性の洗剤での洗濯
が可能で色柄物でなければ塩素漂白もでき，熱に強くアイロン温度が高い

*[12] **綿実**（めんじつ：
綿繊維を採取した後の
種子）の用途
綿繰工場で繊維が除か
れた綿実は廃棄するの
ではなく，さまざまな
物の原料となる．核
（ミート），綿実殻（ハ
ル），リンターの3つ
の部分に分かれる．核
は食用油，飼料，肥料，
綿実殻は飼料，肥料，
リンターはキュプラ，
紙，フェルトなど，そ
の用途は多岐にわたっ
ている．

など衛生面での管理がしやすい素材である．また，非晶部分が適度に分布しているため染色性もよい．

欠点としては，弾性回復率が小さいためしわになりやすい，洗濯収縮しやすい，酸には弱いなどの点があげられる．

②麻

麻は綿よりも歴史が古く，4,000～5,000年前にはエジプトやメソポタミアで亜麻（あま）の栽培が始まっている．日本では縄文時代以前から麻が使用されているといわれているが，亜麻ではなく苧麻（ちょま）と大麻（たいま）である．木綿が衣服として使用されるようになるのは江戸時代以降のことである．

麻は大きく分けて植物の靱皮繊維（じんぴ）（茎や幹の部分の繊維）と葉脈繊維を利用するものに分けられる．亜麻（フラックス[16]，リネン），苧麻（ラミー），大麻（ヘンプ），黄麻（おうま）（ジュート），洋麻（ようま）（ケナフ）は靱皮繊維，マニラ麻，サイザル麻は葉脈繊維である．

衣料用として使われているのは，おもに亜麻と苧麻である．亜麻の産地は比較的寒い地方が多く，フランス・ベルギー・ロシア・ポーランド・中国などである．苧麻は熱帯，亜熱帯地方に適しており，中国・ブラジル・フィリピン・インドネシアなどで栽培されている．大麻も衣料用として使用されていたが，現在の生産量は非常に少ない．ジュートは麻袋，ひも，カーペット基布などに，ケナフ，マニラ麻，サイザル麻はロープやひもなどの資材として使用される．

麻の形態は，側面はたて筋（条線）とよこ方向に節があり，図2.12に示すように断面は5～6角形あるいは楕円形をしており，綿と同様に繊維の真ん中にルーメンがある．

麻は綿と同じくセルロースが主成分で，綿よりも平均重合度は高く，セルロース分子が繊維軸とほぼ平行に配向しているため，綿と比較するとヤング率，強度ともに高い．破断伸度は2～3％と小さく，綿よりも伸びは小さい．綿と同様，濡れると強度が増大する．吸湿性に優れ（公定水分率12％），放湿性も高く乾きやすい．繊維が硬く，しわになりやすい素材ではあるが，熱伝導率が高いため接触冷温感が高く涼感を与えることから，夏用の衣料に適している．　　　　　　［松梨久仁子］

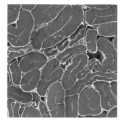

図2.12　麻繊維の断面形態

参考文献

繊維学会 編（1994）『第2版 繊維便覧』，丸善
繊維学会 編著（2004）『やさしい繊維の基礎知識』，日刊工業新聞社
繊維工学刊行委員会 編（1991）『繊維工学（Ⅱ）繊維の製造・構造及び物性』，日本繊維機械学会
日本繊維技術士センター 編集（2016）『業界マイスターに学ぶ せんいの基礎講座』，繊維社
日本綿業振興会（2001）『もめんのおいたち』，日本綿業振興会

b. 動物繊維

①毛

毛には羊，山羊，らくだ，牛，兎などの獣毛がある．これらの中で，衣料用に羊毛がもっとも多く用いられている．

図 2.13 メリノ種

羊毛の歴史

羊毛の起源は中央アジアといわれている．遊牧民による牧羊が始まり，肉は食料として，毛は衣料や住居に用いられてきた．その後，ギリシャからローマへ伝えられ，羊を交配して長い毛を得るために品種改良が行われた．さらにスペインに伝わり，在来種と交配されスペイン・メリノ種（図 2.13）の源となった．13 世紀にはイギリスへ伝えられ有力な羊毛生産国となり，18 世紀後半にオーストラリアへ伝えられた．オーストラリアの風土がメリノ種の羊に適していたため，大きく発展した．

わが国には，16 世紀後半にポルトガルやスペインから毛織物が伝えられたといわれている．飼育は明治初期，アメリカから 2 頭のメリノ種を輸入し，飼育したのが始まりとされているが，現在，わが国では羊毛の生産は少量で，ほとんど輸入に頼っている[*17]．

羊毛の種類

品種改良により，羊の種類は 3,000 種に及ぶ．これらは野生に近い未改良種，メリノ種，およびこれらの雑種の 3 グループに分けられる．未改良種は中近東，中央アジア，中国を中心に食用として飼育され，毛はカーペット用に使用されている．雑種は繊度が 27 μm より太く，短毛種，長毛種などで，これらの毛は紡毛原料，セーター，カーペットやインテリア用に使用される．メリノ種の繊度は，17〜26 μm で，白く，細く，毛足が長く，多くのクリンプ（捲縮）を有し衣料用に適している．

羊毛の構造

羊毛は羊の皮膚組織の一部が変化したものである．羊毛は表皮部分（ス

[*17] 羊毛の主要生産国は，オーストラリア，中国，旧ソ連，ニュージーランド，イラン，モロッコ，スーダンなどがある．最大の羊毛供給国はオーストラリアで，その多くは衣料用途のメリノ種である．第 2 の供給国はニュージーランドで，30 μm 以上の太番手のカーペットなどのインテリア用が中心である．ニュージーランド・ロムニーが代表種である．
羊の飼育数は，中国がもっとも多いが食料用も多く，中番手の衣料用も近年拡大してきている．

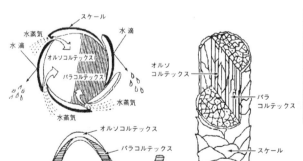

羊毛の側面写真

図 2.14 羊毛繊維の構造
[模式図は日本繊維技術士センター（2016）より]

ケール）と皮質部分（コルテックス）からなる（図2.14）．表皮部分は羊毛
繊維全体の約10％を占め，繊維本体を覆っている鱗片状の物質で，スケー
ルとよばれ，繊維の根元から先端へ向けて積み重なっている．皮質部分は
繊維全体の約90％を占め，オルソコルテックスとパラコルテックスという
2種類の細胞で構成され，2種類の細胞が長さ方向に平行に貼り合わされ
た構造になっている．

羊毛のミクロの世界

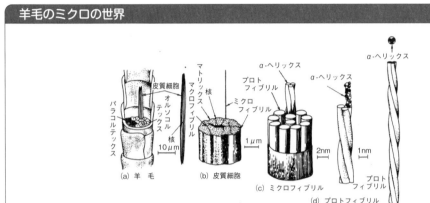

図2.15 羊毛繊維の微細構造
［日本繊維工業教育研究会（2002），p.19］

　1個の皮質細胞はさらに細かいマクロフィブリルからできており，そのマクロフィブリル
はさらに細いミクロフィブリルの集合体である．
　マクロフィブリルの間には，タンパク質からなるマトリックスが存在し，ミクロフィブリ
ルを結合している．1本のミクロフィブリルは，11本のプロトフィブリルからできている．
さらに1本のプロトフィブリルは，ポリペプタイドが3本なわのようによじれてできてい
る．ポリペプタイドは，アミノ酸が結合してできた細長い分子で，らせん状になっている．
このポリペプタイドのらせん形をα-フェリックスという．

　羊毛はケラチンというタンパク質からできている（図2.16）．ケラチン
は，アミノ酸が多種類縮合してできた鎖状高分子である．羊毛は，各種ア
ミノ酸基がまんべんなく含まれている．また，シスチンが多
く含まれ2本のポリペプチド間にシスチン結合（$-CH_2$
$-S-S-CH_2-$）が形成されている．さらに，アスパラギン酸や
グルタミン酸など酸性の側鎖をもつアミノ酸と，アルギニ
ン，リシンなどの塩基性の側鎖をもつアミノ酸が含まれ，こ
れらのアミノ酸の側鎖間に塩結合（$-COO^-\cdots{}^+NH_3-$）が作ら
れる．これらの結合により架橋が形成され三次元網目構造を
作り，防しわ性や弾性に寄与している．

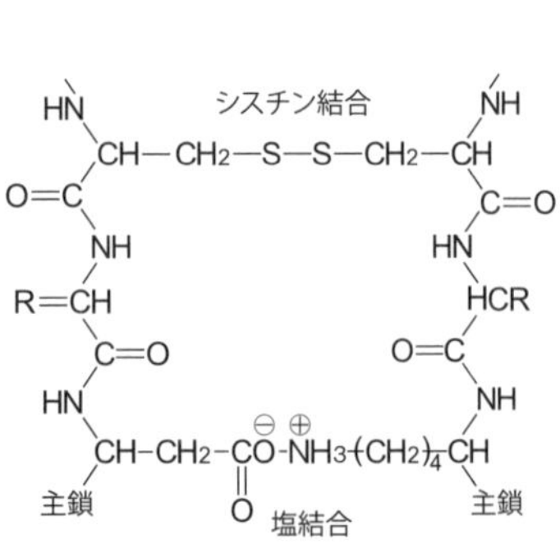

図2.16 羊毛の分子構造

羊毛の特性

羊毛繊維の外層には，うろこ状のスケールがあり，ごく薄い膜で覆われている．この薄い膜は疎水性であるため，水をはじき，水溶性の汚れは内部に通さない．湿気はスケールの微細孔により繊維内部に吸収され，静電気の発生を防ぐ．そのため塵やほこりの付着が少なく，汚れにくい．スケールは，繊維の根元から先端へ向けて積み重なっているため，先端から根元に向かって擦ると摩擦係数は非常に大きくなる．さらに湿潤することにより，スケールは開き，こするとスケールはもつれ合い縮絨する[*18]．このため羊毛製品を洗濯するときは，注意しないと縮絨により縮み，フェルト化する．フェルト製品は，縮絨の性質を利用して作られている．

[*18] 4.9.5項 c 参照.

皮質部分のオルソコルテックスとパラコルテックスは，成長度合いが異なり，クリンプを生じる．そのため紡績糸の内部に多くの空気を含みかさ高くなっている．空気は熱伝導率が低いため，外気を遮断して人体から発生する熱の放出を防ぐことにより，優れた保温性をもつ．クリンプをゆっくり伸ばすと30％ほど伸び，伸ばした力を緩め，しばらく放置すると，元の長さに戻る．この伸縮性のため，しわになりにくい．また，吸湿伸長性（ハイグラルエキスパンション）がある．しかし，これを繰り返すと，生地表面の波うち現象や型崩れの原因になる．

羊毛はアルカリに弱いので，石けんや弱アルカリ性合成洗剤は使用せず，中性洗剤を用いて洗う．しかし，酸には強いので，酸性染料で染色する．また羊毛は虫害を受けやすいので保管に注意する．

そのほかの獣毛

ⅰ）カシミヤ　インドのカシミール地方，チベット，モンゴルや中国など高地で飼育されているカシミヤ山羊（やぎ）から得られる毛のこと．羊毛に比べると細く（14.5〜16.5 μm），平滑で規則正しいスケールに覆われているため，縮絨しにくい．優雅な光沢と柔らかい肌触り，保温性に優れている最高級の毛織物である（図2.17）．

ⅱ）キャメル　モンゴルやアフガニスタンなど中央アジアに生息するふたこぶらくだの毛のこと．生産地は中国，モンゴルが中心である．キャメルの体毛は，外側の刺毛が剛毛で太く（約75 μm），内側の柔毛は手触りが柔らかく，太さは細い（18〜23 μm）．また，軽く，保温性に優れる．このため柔毛は，高級コートや毛布に用いられている．外側の刺毛は，硬く，ベルトや芯地，テント地などに用いられる（図2.18）．

ⅲ）アンゴラ　フランスを中心に，チェコ，ドイツ，中国，日本などで飼育されているアンゴラ兎から採れる毛で，絹のような光沢がある純白の繊維である．毛は非常に軽く，保温性に優れ，手触りが柔らかく，婦人用の衣服に用いられる（図2.19）．

ⅳ）アルパカ　南米ペルー，ボリビアを走るアンデス山脈の高地に生息

するらくだの仲間である．毛は光沢があり，柔らかく，なめらかである．色は黒，白，褐色など淡色から濃色などがある．織物や編物の原料に用いられる（図2.20）．

　v）ヤク　インド北西部，中国北西部，パキスタン北東部のヒマラヤ山岳地帯に生息する牛の仲間である．ヤクは家畜として荷役用，乗用，毛皮用，乳用，食肉用とされてきたが，近年，毛が衣料用に用いられるようになった．ヤクの毛の繊維は細く（14〜20 μm），柔らかく，保温性に優れている（図2.21）．

図2.17　カシミヤ山羊

図2.20　アルパカ

図2.18　キャメル
（ふたこぶらくだ）

図2.19　アンゴラ兎　　　図2.21　ヤク
[図2.17〜2.21は大正紡績株式会社提供]

参考文献

島崎恒藏 編著（2000）『衣服の科学シリーズ 衣服材料の科学』pp.16-20，建帛社

信州大学繊維学部 編（2008）『はじめて学ぶ繊維』，工業調査会

鈴木美和子，窪田英男，德武正人 著（2011）『第三版 アパレル素材の基礎』pp.47-51，繊研新聞社

繊維学会 編（2004）『第3版 繊維便覧』pp.147-149，丸善

日本科学会 企画・編集（2011）『衣料と繊維がわかる』pp.11-17，東京書籍

日本繊維技術士センター 編集（2016）『業界マイスターに学ぶ せんいの基礎講座』pp.15-19，繊維社

日本繊維工業教育研究会 編（2002）『新版テキスタイル製品』，実教出版

林　雅子，酒井豊子 監修（2014）『被服材料学改訂版』pp.16-22，実教出版

②絹

絹の歴史

　人類と絹の関わり合いは，約5,000年前の中国から始まったとされている[19]．中国は長い間，養蚕の技術を秘密にし，絹織物だけを輸出し，これがシルクロードを通って西欧諸国に伝わった．6世紀になり養蚕技術がコンスタンチノープル（現イスタンブール）に伝わり，その後，スペインやイタリア，フランスへと伝えられていった．日本へは，3世紀に朝鮮半島を経由し，渡来人から養蚕・機織の技術が伝わった．明治になり，殖産興業により官営富岡製糸場や各地に民間製糸工場が作られ，国産生糸の生産が盛んになり，世界一の生糸生産国となった．現在日本国内での生糸の生産は，ほとんど少なくなり，中国，ベトナム，インド，ブラジルでの生産が増大している．

[19] 1958年中国浙江省湖州市銭山漾遺跡（せんざんよういせき）から4,700年以上前の平織の古代絹が発見されている．それにより約5,000年もの昔，絹糸を取り出す技術をもっていたことになる．

天蚕　　　　　　　　　　　　　家蚕

図 2.22　野蚕と家蚕

・・・・・NH–CH–CO–NH–CH–CO–NH–CH–CO・・・・・
　　　　　　 |　　　　　　 |　　　　　　 |
　　　　　 R$_1$　　　　 R$_2$　　　　 R$_3$　　　　 R$_1$,R$_2$,R$_3$…側鎖

図 2.23　絹の化学構造

絹の種類

　絹には，野蚕と家蚕がある．野蚕は，野生の蚕で天蚕，柞蚕，エ
リ蚕，ムガ蚕などがある．家蚕は屋内で飼育し，効率的に絹の生産
ができるように改良を加えたものである（図 2.22）.

絹の構造

　繭繊維は蚕が口から吐き出した，タンパク質繊維（アミノ酸が多
数結合した鎖状高分子，図 2.23）で，天然繊維の中で唯一の長繊維
である（図 2.24）.1 つの繭から採れる繊維の長さは，約 1,000～
1,500 m である．1 本の繭繊維は，2 本のフィブロインがセリシン
で覆われた構造をしている.

　1 本のフィブロインの断面は三角形に近いが，形や大きさにばら
つきが多い．太さあるいは繊度は約 1 d[20]（幅 20 μm）である（図
2.25）.フィブロイン繊維は，約 1 μm のフィブリルからなり，さら
に 10 nm のミクロフィブリル（図 2.26）から構成されている.

　フィブロインのアミノ酸は，グリシン，アラニン，セリン，チロシンの
順に多く，全体の 83% を占めている．セリシンのアミノ酸は，セリン，ア
スパラギン酸，グルタミン酸などの酸性アミノ酸が比較的多く，また，セ
リンやチロシンのようにヒドロキシ基をもつ水溶性アミノ酸を多く含むた
め，弱アルカリ性に溶けるので，石けんや炭酸ナトリウムなどの溶液で煮

吐糸口

フィリッピ氏腺

〔前部絹糸腺〕

〔中部絹糸腺〕

〔後部絹糸腺〕

図 2.24　蚕の絹糸腺
[日本繊維工業教育研究会
(2002), p.22]

[20] d（デニール）
繊維の太さを表す.

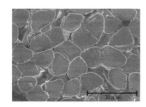

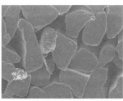

生糸の断面写真　　　　　　精練後の断面写真　　　　　　精練後の側面写真

図 2.25　生糸の断面図とフィブロインの断面側面写真

沸してセリシンを除去する.

　セリシンで覆われた状態の糸を生糸といい，繭糸を何本か集束し，繭から生糸を取り出す工程を製糸という[*21]. 生糸からセリシンを取り除く工程を精練という（図2.27）.

　糸で精練を行うことを先練りといい，精練した糸を練糸といい，織物を練織物（先練織物）という. 練織物には，御召，銘仙，紬，絣などがある. また，織物にしてから精練することを後練りといい，織物を生織物（後練織物）という. 生織物は，セリシンが取り除かれた分織物の中の繊維と繊維の間に隙間ができ，繊維が動きやすく柔らかくなる. そのため美しいドレープを生む. 生織物には，羽二重，塩瀬，縮緬などがある.

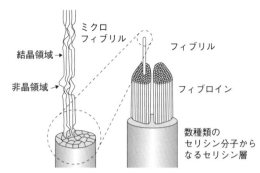

図2.26　絹繊維の構造（ミクロフィブリル）
［出典：信州大学繊維学部（2008）］

[*21] 繭糸の太さは，均一でなく始めと終わりが細い. 太さは 2〜4 d で，数個の繭の取り口をずらして繰糸し，14 中（14 d），21 中（21 d）になるように巻き取る. この糸が生糸である.

図2.27　絹の製糸・精錬工程

絹の特性

　絹繊維には，結晶領域（弾性）と非晶領域（塑性）があり，細く，しなやかで柔らかく，こしがあり，ドレープ性をもつ（図2.26）. また，吸湿，吸水性に優れ，染料にもよく染まり，深みのある色になる. 精練加工でセリシンを除かれた絹織物は，繊維と繊維の間に多くの隙間ができ，空気を多く含み，保温性に優れている. さらに，繊維断面は，丸みを帯びたふぞろいの三角形で，細い繊維の束に光が当たると，反射，透過などにより美しい光沢を放つ. セリシンが除かれ，表面がなめらかな繊維同士が摩擦されることにより，絹鳴りという独特の音を発する.

　タンパク質繊維であるため，アルカリに弱く，虫害を受けやすい. さらに，日光に黄変し，脆化する.　　　　　　　　　　　［平井郁子］

参 考 文 献

小林勝利，鳥山國士（1993）『シルクのはなし』，技報堂出版
小松計一（1997）『シルクへの招待』，サイエンスハウス
島崎恒藏 編著（2000）『衣服の科学シリーズ　衣服材料の科学』pp.19-20，建帛社
信州大学繊維学部 編（2008）『はじめて学ぶ繊維』，工業調査会
鈴木美和子，窪田英男，德武正人 著（2011）『第三版アパレル素材の基礎』pp.47-51，繊研新聞社
中島利誠 編著（2010）『新稿 被服材料学—概説と実験—』pp.15-17，光生館
西松　豊 編著（2016）『最新テキスタイル工学Ⅱ』pp.50-55，繊維社

日本繊維技術士センター 編集（2016）『業界マイスターに学ぶ せんいの基礎講座』pp.19-22，繊
　維社
日本繊維工業教育研究会 編（2002）『新版テキスタイル製品』pp.22-24，実教出版
林　雅子，酒井豊子 監修（2014）『被服材料学改訂版』pp.22-27，実教出版
皆川　基 著（1981）『絹の科学』，関西衣生活研究会

蚕は偉い

　最近は，ストレス社会といわれるが，ここでは，蚕がいかにストレスに負けず健気に糸を吐き続けるのかを紹介したい．糸を吐き始めた直後の蚕を低温の環境にさらし，数日間の低温ストレスを加えてみる．このようなストレスを受けても，室温に戻すと蚕は糸作りを体力の続く限り行う．当然，代謝に異常が生じるため（繭糸中のカリウムが多くなる），吐糸が乱れて節のある糸になるが，残された繭糸の構造を調べると，健常な蚕のものと完全に一致する．どんなときでも，本質的な糸作りに手を抜かない蚕は大変立派であると驚かされる．

[河原　豊]

出　　典

Y. Kawahara, *et. al.*（2018）*Journal of Fiber Science and Technology*, **74**, 95-108

2.2.2　化学繊維

a. 紡糸法

　工業的な繊維の製造方法として，短繊維を紡いで糸を作ることを紡績といい，蚕の繭から繊維を連続的に引き出して糸にすることを製糸というのに対して，化学繊維を作る工程を紡糸という．化学繊維に用いられる高分子は，常温では固体である．この常温固体の高分子を，溶剤に溶かしたり，加熱融解したりすることによって，液体にする．この液体を，直径 0.1 mm ほどの小さな孔から押し出し，吐出された液体を細く引き伸ばす（図2.28）．このときに，2.1.2項で述べたように高分子液体はちぎれずに細く伸ばすことができる．さらに，この引き伸ばされる過程で，溶媒の除去や冷却などによって高分子液体を固化させる．このように，室温では固体である材料を，何らかの手段で液体にし，小さな孔から押し出し，伸長して細くしながら，液体を何らかの手段で固体に戻す一連の工程が紡糸である．上述の固体を液体にする何らかの手段に応じて，いくつかの紡糸方法に分類できる．

　高分子を溶媒に溶かした溶液を用いる場合は溶液紡糸とよび，加熱によって液体になる性質をもつ高分子（熱可塑性高分子）を用いる場合は溶融紡糸とよぶ．溶液紡糸で作られる繊維の例は，レーヨン，キュプラ，アクリル，ビニロン，アセテート，ポリウレタンなどである．溶融紡糸で作られる繊維の例は，ポリエステル，ナイロン，ポリプロピレンなどである．

また，溶液紡糸は，液体から固体に戻す手段の種類によっても分類されている．高分子溶液を吐出する孔が，溶媒を除去できる液体中に開口しており，吐出された高分子溶液から溶媒を除去して固化する方法を湿式紡糸とよぶ（このときに化学反応をともなう場合もある）．一方，孔が気体中に開口しており，吐出後の溶液から溶媒を蒸発・気化して固化する方法を乾式紡糸とよぶ．湿式紡糸と乾式紡糸のいずれを用いるかは，高分子の種類と用いる溶媒の種類に

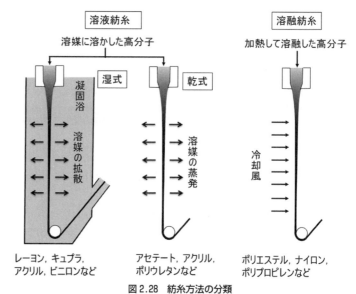

図 2.28　紡糸方法の分類
実際の紡糸では，複数の孔から高分子液体を吐出し，固化した複数本の繊維を束ねて糸を得るが，この図では簡略化して 1 本の繊維で表現している．

よって決まる．乾式紡糸では蒸発しやすい溶媒が必要で，その溶媒に高分子が溶解する性質をもっていることが必要条件となる．たとえば，レーヨンの原料であるセルロースを溶かすことができ，かつ蒸発しやすい溶媒は現在でも発見されていない．したがって，セルロースを原料に用いるレーヨン，キュプラ，リヨセルはいずれも湿式紡糸を用いて生産されている．一方，セルロースを化学的に改質してアセトンという蒸発しやすい溶媒に溶けるようにしたアセテートは，乾式紡糸によって生産されている．

　溶液紡糸では溶媒を用いるため，原材料のコスト増に加えて，溶媒の回収工程も必要となるため繊維の価格は高くなる．一方，溶融紡糸は溶媒を用いないため，溶液紡糸に比較して低コストで繊維を生産できる点が有利である．しかも，繊維の生産速度が溶液紡糸に比較して数倍から数十倍も高いため，生産性が高い．その速度は，工程中の繊維の巻き取り速度で表現されるが，時速 300 km もの速度に達する（溶液紡糸では，もっとも高速なものでも時速 60 km 程度である）．また，溶融紡糸では，樹脂（高分子）を吐出する孔の形をさまざまに変えて，特殊な断面形状の繊維を作製しやすいという特徴もある．ポリエステル繊維は，繊維の断面形状を工夫することにより，汗を素早く吸い上げて素早く乾燥させる吸汗速乾素材が実用化されている．さらに，2 種類以上の高分子を同時にノズルから押し出して，1 本の繊維の内部に 2 種類の高分子がさまざまに配置された繊維を作製する技術（複合紡糸技術）が発達している．2 種類の高分子は，芯－鞘状に配置されたものや，半円状に接合されたもの（サイドバイサイド，図 2.33 参照）などがある．たとえば，鞘に熱接着が可能な高分子を用いて，

繊維同士を熱によって容易に接着できる機能性繊維として活用されている.

b. 再生繊維

天然高分子を溶媒に溶解した液体を用いて溶液紡糸し，溶媒を除去して元の天然高分子の繊維としたものを再生繊維という．植物などから得た高分子を，化学的に変性することなく溶液にし，その溶液から再生した高分子の繊維を得るので，この名称となっている（天然高分子を化学的に修飾したものを用いると，後述する半合成繊維となる）．人類が初めて工業化に成功した化学繊維は，再生繊維である.

①レーヨン

木材パルプを原料とするセルロース系再生繊維である．木材パルプを水酸化ナトリウムで膨潤させ，二硫化炭素を作用させると，薄い水酸化ナトリウム水溶液に溶解する．この溶液（ビスコース）を用いて溶液紡糸を行い，薄い硫酸水溶液中で凝固させるとセルロースが再生してレーヨン繊維が得られる．この凝固過程で，繊維の表面が早く固まり，内部がゆっくりと固化・収縮するため，繊維表面に凹凸（シワ）が形成される（図2.29）．かつては人造絹糸とよばれたように，絹のような美しい光沢となめらかな手触りをもつ．レーヨンの結晶性は綿に比較して低いため，吸湿性が高く，染料でよく染まる，静電気が発生しにくい，などの長所がある．一方，洗濯で縮みやすい，シワになりやすい，水滴がつくとシミができやすい，濡れると強度が低くなる，擦られるとフィブリル化して白化しやすいなどの欠点がある．布としては比較的柔らかい風合いをもつ．洗濯時に縮むのは，吸水時に繊維が膨潤して太くなることが原因といわれている.

②キュプラ

キュプラは，レーヨンと同じセルロース系再生繊維であるが，原料と溶液紡糸時の溶媒が異なる．コットンリンターを原料とし，銅アンモニア溶液で溶解して作られる．コットンリンターは，綿の種子の表面に生えている短い繊維である（長い繊維はリントといい，綿繊維として利用されるのはリントのほうである．図2.8，2.2.1項の註＊5も参照）．キュプラの溶液紡糸では，ゆっくりと凝固が進むためレーヨンのような表面のシワは発生せず，平滑な円形断面となる（図2.29）．そのため，レーヨンよりもさらになめらかな肌触りをもつ．高い吸湿性と静電気が発生しにくい性質に加えて，高い平滑性が好まれて肌着などに用いられる．とくにジャケット，スーツ，スカートなどの裏地として広く用いられている.

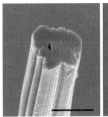

図2.29 レーヨンとキュプラの走査型
電子顕微鏡写真
左：レーヨン，右：キュプラ
スケールバーはどちらも10μm

③リヨセル

そのほかの再生繊維として，リヨセルがある．リヨセルもレーヨンやキュプラと同じくセルロース系再生繊維である．原料の木材パルプを，*N*-メチルモルフォリンオキシド（NMMO，アミンオキシドやアミンオキサイドということもある）という有機溶剤に溶解したものを紡糸原液として用い，再生したものである．NMMO は工場で完全に回収・再利用されているため，環境負荷も小さいといわれている．レーヨンやキュプラよりも擦りによるフィブリル化が起こりやすいが，逆にわざとフィブリル化させた起毛素材として利用する場合もある．レーヨンに比べて，水に濡れたときの強度低下は小さい．オーストリアのレンチング社の商標であるテンセルとよばれることもある．リヨセルを表示する場合は，再生繊維（リヨセル）もしくは再生繊維（テンセル）である．

c. 半合成繊維

天然高分子を化学的に修飾したものを原料に用いる繊維を半合成繊維という．半合成とよぶのは，後述する合成繊維が石油由来の低分子化合物を原料として人為的に合成した高分子（たとえばナイロンやポリエステル）を用いるのに対して，天然物由来の高分子（たとえばセルロース）を用いるからである．再生繊維が，天然高分子をそのまま溶液にして用いるのに対して，天然高分子を化学的に修飾する点で再生繊維と区別される．化学的に修飾することで，一般的な有機溶剤に溶解しやすくなり，また繊維の性質も変化する．

①アセテート

木材パルプの主成分であるセルロースの分子中に存在するヒドロキシ基（-OH 基または水酸基）と酢酸を反応させてアセチル化したセルロースアセテートを原料とする繊維である（セルロースアセテートの分子構造は図2.3(b)を参照．図中の R が $COCH_3$ となっている部分がアセチル基である）．絹のような美しい光沢をもつ．常温染色が可能であり，発色が良い．綿やレーヨンなどのセルロース系繊維に比較して吸湿性は低いが，その効果でレーヨンに比較して洗濯時の収縮は起きにくい．強度が低く切れやすいのが欠点であるが，ポリエステルなどほかの繊維と複合して用いることにより実用上は問題がない．

②ジアセテートとトリアセテート

3つのヒドロキシ基のうち2つがアセチル化されているものを，2を意味する接頭語「ジ」をつけてジアセテートとよぶ[*22]．セルロース分子中のヒドロキシ基の92％以上がアセチル化されているものを，とくに区別してトリアセテート繊維とよぶことがある．セルロース分子の基本単位であるブドウ糖（グルコース）分子中には3個のヒドロキシ基（OH 基）がある

[*22] 正確には，ヒドロキシ基の 74％ 以上 92％未満がアセチル化されているものがジアセテートである．

が，そのすべてがアセチル化されているという意味で，3を意味するトリという接頭語がついている．

アセチル基の数が多いほど，疎水性となるため，ジアセテートに比較してトリアセテートのほうが吸湿性は低い[23]．一方，トリアセテートは，熱を加えると柔らかくなる性質（熱可塑性）を有するため，ヒートセットによるプリーツ加工が可能である[24]．

ジアセテート繊維もトリアセテート繊維も，絹のような光沢と肌触りをもち，レーヨンやポリエステルなどと複合して用いられる．婦人服表地，裏地，ブラウス，スカーフ，衣類の品質表示ラベルなどに用いられる．とくにトリアセテートは，ソフトな風合いと高いドレープ性が好まれ，高級婦人服向けとして欧米ではよく用いられている．どちらも有機溶剤の入った液体（たとえばマニキュア除光液）で溶けて生地に穴があくので注意が必要である．

d. 合成繊維

合成繊維は，その原料となる高分子として，石油由来の化学物質から人為的に合成したものを用いる．最初に登場したナイロンは，その原料を当初は石炭から得ていたが，現在では石油由来である．一方，石油枯渇や，二酸化炭素による地球温暖化への懸念に対応して，ナイロンやポリエステルの原料を天然物由来のものに代替してゆく動きがあるが，現状は石油由来のものが主流である．ナイロン，ポリエステル，アクリルは生産量が多く，3大合成繊維とよばれる．

①ナイロン

1930年代半ばにデュポン社によって初めて工業化された合成繊維である．柔らかくてよく伸びる上に，切れにくい強さをあわせもつ．ポリエステルよりは吸湿性は高いが，レーヨンなどのセルロース系再生繊維よりは低い．柔らかくて強いという特性を生かして，ストッキングやタイツ，水着などに用いられる．一方，柔らかくハリやコシに乏しいため男性用外衣にはあまり用いられない．ナイロンという名称は，当初はデュポン社の商標だったが，現在は一般名称として用いられている．分子内にアミド結合をもつことが特徴であり，一般名称としてポリアミドとよばれることもある．化学構造に多数のバリエーションがあり，日本での衣料用にはナイロン6というタイプが主流だが，欧米ではナイロン6,6が多い（ナイロン6とナイロン6,6の分子構造は図2.3(c)(d)を参照）．ナイロンの名称に付与されている6や6,6という数字は，それぞれの原料分子に含まれる炭素の数に由来している．分子内にアミド結合をもつことが原因で，紫外線などの影響により黄色く変色することが欠点である．擦られても傷みにくい性質があり，引張強度が高いことも評価されてカーペットや鞄の基布にも

[23] 2.3.1項a参照．

[24] セルロースには熱可塑性がないので，セルロース繊維である綿，麻，レーヨン，キュプラ，リヨセルはヒートセット性が低く，プリーツがかかりにくい．セルロース系でありながら，ヒートセット性があるのがトリアセテートの特徴である．なお，トリアセテート繊維に比べてやや劣るもののジアセテート繊維もヒートセット性を有する．

多く用いられる．ポリエステルよりも引張強度が高く，ナイロン6,6は耐熱性も高いため，ロープなどの産業資材，自動車のエアーバッグ用の基布や，タイヤの補強用繊維などにも多用されている．

②ポリエステル

ポリエステル繊維は，分子内にエステル結合をもつ高分子を用いた繊維の総称であるが，現状はポリエチレンテレフタレート（PET）繊維のことを指す場合がほとんどである（PETの構造は図2.3(e)を参照）．PET繊維は，価格が安く，性能のバランスが優れているため，世界でもっとも多く生産・使用されている繊維である．引張強度が高く，布の風合いとしてやや硬いが適度な張りをもち，衣服材料として応用範囲が広い．吸湿性がほとんどないため肌着には用いられにくいが，逆に乾燥が早いため，スポーツ用の肌着には多用される．また，洗濯後にシワになりにくいため，綿と混紡することにより，ポリエステル繊維の吸湿性の低さを綿で補い，綿のシワになりやすさをポリエステル繊維で補った製品は汎用的に用いられている．溶融紡糸で生産されるため，低コストで生産することが可能で，紡糸速度を高速化する技術が確立している．高速紡糸では，単に生産コストが下がるだけでなく，POY（partially oriented yarn）という糸を得ることができる．POYは仮撚り加工という捲縮加工法が確立しており，フィラメント糸でありながらバルキー*25な糸を作ることができる．また，溶融紡糸であることの特徴を生かして，異形断面繊維が作られている（図2.30）．単純な円形断面の繊維に比較して，光を複雑に反射して品の良い光沢を与える，毛細管現象を利用して吸水性が向上する，皮膚との接触面積を増やしたり減らしたりすることにより触感や温冷感が変化する，などの効果が得られる．

PET以外のポリエステル繊維も実用化されている．ポリ乳酸繊維は，トウモロコシのでんぷんや，サトウキビの糖から，微生物発酵により得た乳酸を重合したポリ乳酸を原料に用いたポリエステル繊維である．石油のような化石資源由来ではなく，植物が空気中の二酸化炭素と水から作り出した原料を用いるため，焼却しても空気中の二酸化炭素が増えない（カーボン・ニュートラル），環境対応繊維として注目されている．

ポリトリメチレンテレフタレート（PTT）繊維は，柔らかくストレッチ性に富み，優れた形状回復性を示す繊維である．形状回復性が良いと，たとえば肘や膝の部分に回復しない歪みが残る肘抜けや膝抜けが発生しにくいなどの効果が期待できる．

③アクリル

アクリル繊維の特徴は，毛に似た性質をもつ点である．ポリアクリロニトリルという高分子が主成分であり，溶媒を用いる溶液紡糸によって生産

*25 かさ高で空気をたくさん含む状態．

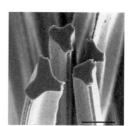

図2.30　異形断面繊維の例
（東レ　シルックロイヤル®S）
スケールバーは20 µmを示す．

される（ポリアクリロニトリルの分子構造は図 2.3(f) を参照）. また, 熱によって柔らかくなる性質をもつため, アイロン掛けの温度には注意が必要だが, この性質を利用して捲縮加工が容易にできる. 捲縮を入れたアクリル繊維は, バルキーな糸となり, 毛に似た風合いとなる. 毛と異なる点として, 吸湿性が低いこと, 軽いことなどがある. また, 紫外線による耐久性がもっとも高い繊維の 1 つである. そのため, テントや旗など屋外で用いる用途に向いている素材である. ポリアクリロニトリルのみで用いられることはほとんどなく, 塩化ビニルやメチルアクリレートなどほかの分子成分をアクリロニトリル分子中に混ぜている（分子の中に取り込んでいるので共重合という）. この共重合成分のおかげで, 難燃性を示したり, 高い染色性を発現したりする. また, 共重合成分の量がとくに多いアクリル繊維を区別して, アクリル系繊維とよぶ（具体的には, アクリロニトリルの質量の割合が, 35 % 以上 85 % 未満のとき）. アクリル系繊維には, 人毛や獣毛に似せた性質のものがあり, かつら・ウイッグや, 毛皮の代替品（フェイクファー, エコファー）として用いられている. 欧州では, 動物愛護の観点で毛皮に対する批判的な声が高まっており, アクリルやアクリル系繊維を用いた代替品が注目されている.

④ポリウレタン

ひとことでいうとゴムのように伸び縮みする繊維である. 水着やストッキングに使われるほか, ジーンズなどさまざまな衣料に伸縮性（ストレッチ性）を付与する素材として多用される. セグメンテッドポリウレタンとよばれる高分子の繊維である. 多くは溶液紡糸によって生産される（一部, 溶融紡糸もある）. スパンデックス繊維や弾性繊維とよばれることもある. 用途が拡大しているポリウレタン繊維であるが, 欠点はほかの繊維に比較して劣化しやすい点である. 紫外線や, プールの消毒に用いられる塩素などによって劣化して切れやすくなるので, 注意が必要である.

⑤ビニロン

ポリビニルアルコールという高分子を用いた繊維である. 日本で発明された繊維として知られている. 現在では衣料用に用いられることは少ない. 大きな用途は, セメントの補強用繊維である. ビニロンは, アルカリに強いという性質があり, セメント内部がアルカリ性に変化しても繊維が劣化しにくい点が優れている. ポリエステルやナイロンはアルカリに対して弱いので, ビニロンの特徴を活かした用途である. また, 高強度のビニロン繊維が開発されており, ロープなどの産業資材用途に多く用いられている. また, 化学構造の調整によって水に溶けるビニロン繊維も開発されている. 水溶性ビニロン繊維とほかの繊維と混ぜた糸を用いて織物を作製し, 後にビニロン繊維を溶かして除去すると, 空気をたくさん含む布を作ることができる.

⑥ポリプロピレン

　ポリプロピレンという高分子は，自動車の樹脂部品などで多量に使用されている汎用高分子であるが，衣料用の繊維にはほとんど用いられていない．価格が安く，軽くて，強度が高いので，カーペットや不織布などには多く用いられている．ポリプロピレン繊維は製造時の熱劣化などを抑制するために化学物質（酸化防止剤）が添加されているが，その添加剤が酸化劣化して発熱・発火を誘発することがある．日本化学繊維協会では，綿やレーヨンなどのセルロース系繊維との混用品や，ポリプロピレン100％の製品へのセルロース系繊維の縫い糸の使用など，自然発火のリスクが高い使用方法や製造禁止に関する遵守事項を定めている．ただし，特別な試験により安全性が確認されたものは製造が認められている．

⑦アラミド繊維

　分子内にアミド結合をもつ点ではナイロンと同様のポリアミドの一種だが，分子の主鎖がベンゼン環で構成される全芳香族ポリアミドの繊維を，ナイロンと区別してアラミド繊維とよぶ．分子構造の違いでメタ系とパラ系の2種類がある．メタ系アラミド繊維は，耐熱性・難燃性に優れる．たとえば消防服などの用途に用いられる．先に市場に登場したのはメタ系である．一方，パラ系アラミド繊維は，耐熱性にも優れる上に，引張強度・弾性率が高い特徴がある．いわゆる高強度・高弾性率繊維として世界で初めて登場したのは，パラ系アラミド繊維である．デュポン社が1970年代に実用化した．ロープや防護衣などの強さ，切れにくさを活かした用途に用いられる．

[村瀬浩貴]

e. 無機繊維

　無機繊維は無機物からなる繊維の総称で，繊維製品品質表示規程においてガラス繊維，炭素繊維，金属繊維などに分類される[*26]．

①ガラス繊維

　ガラス繊維製品は，繊維の形態によって長繊維系と短繊維系の2つに分類される．長繊維系では，約1,400℃の高温で原料ガラスを溶融し，白金ロジウム合金製の400～4,000個の吐出口（ノズル）をもつ口金から吐出させたのち，ただちに1～4 km/min の巻取り速度で急速に溶融ガラスを引き伸ばして変形させることでケークとよばれるフィラメントの束を製造する．このフィラメントをより合わせて，さらにそれを用いて織物にすることで長繊維製品（ヤーン，クロス）が作られる．糸を束ねてカットし，数 cm の短繊維束（ストランド）として，熱可塑性樹脂に加熱混合し，繊維強化プラスチック製品（FRP）[*27]へ加工することも行われている．長繊維製品の利用形態も大半が FRP であるが，最終製品によって求められるガラス繊維の特性が異なる．たとえば，ユニットバス，浄化槽では強度特性や

[*26] 表6.7参照.

[*27] fiber reinforced plastics. ガラス繊維や炭素繊維で強化されたプラスチック製品は丈夫な反面，廃棄処理が難しくなる．そこで，ガラス繊維よりも安くリサイクルが可能な麻繊維で強化されたプラスチック製品が自動車の内装部品を中心に利用されている．ことの発端はメルセデス・ベンツの高級車の内装に麻繊維強化プラスチックが使用されたことによる.

熱安定性，電子材料ではさらに低誘電性が求められる．

　一方，短繊維系のガラス繊維は，ガラスウールとよばれ流通している．ガラスウールは安価な供給で，かさ高い形状による保温性と吸音特性などを利用しておもに建築材料関係に用いられている．

②炭素繊維

　炭素繊維はほとんど炭素だけからできていて，衣料でも使われるアクリル繊維（PAN）や，石油・石炭のタールピッチなどの有機物を繊維化したものを，1,000℃前後の高温で熱処理（炭化）して作られる．その後，さらに2,000℃以上で熱処理して得られる繊維を黒鉛繊維という．

　炭素繊維の密度は一般衣料用繊維よりは高く，PAN系炭素繊維の場合，1.7〜1.9 g/cm^{3}となるが，ガラス繊維より低い．おもにFRPの強化繊維として利用される．宇宙航空分野の極限環境で使用される先端素材，軽量・高強度な特性を必要とする風力発電用の大型プロペラや競技用ヨットのマスト，高級スポーツ用品（たとえば，ゴルフクラブのシャフト，釣竿，テニスラケットのフレーム），などに利用されている．

③金属繊維

　金属繊維は，線引加工法[*28]，切削法[*29]（図2.31），溶融紡糸法などで製造される．金属繊維は導電性で低コスト生産が可能なため，建築用部材（電磁波シールド材，耐火材，防音材など）や一般工業材料として広く利用されている．

　金属繊維を衣料に使う例として，ステンレス鋼繊維を生地に織り込んで特殊なシワ表現を生地に固定させる利用例がある．

図2.31　切削法

f. 機能性繊維

①異形断面繊維・中空繊維

　溶融紡糸技術の発展により，ノズルの断面形状や製造条件を工夫することで，さまざまな断面形状の糸を自由に作れるようになった．異形断面繊維・中空繊維の例を図2.32に示す．

②異収縮繊維

　伝統的なシルク織物の風合いを，取り扱いやすいポリエステル繊維で表現するために，異収縮混繊技術を用いたシルキー素材開発が行われた．たとえば縮緬の膨らみ感を表現するためには，よこ糸に熱収縮性が大きく異なる2種類のポリエステル繊維を混繊して織り上げたのち，ヒートセットすることで達成される．その後，シルキー素材は婦人ドレス分野へ展開された．

③コンジュゲート繊維

　2成分のポリマーを1つのノズルから同時に押し出して接合（複合）させることで新たな性質や機能を繊維（複合繊維）に発現させるコンジュゲ

*28 線引加工法は金属繊維のもっとも一般的な製造法で，熱間圧延した線材をダイスに通して引き伸ばす方法．ダイスと同じ断面形状の繊維となる．

*29 切削法は，金属薄板に接着剤を塗布して回転軸にコイル状に巻きつけ固定したあと，軸を回転させてコイルの端面から工具で切削することで糸束状に繊維を切り出す方法．その後，接着剤を除去して金属繊維を得る．

FSY
(コンジュゲート繊維
で超極細繊維)

エアキープ中空 PET

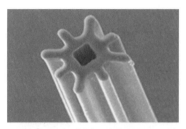

オクタ® (帝人 (株)):中空糸にして8本
の突起を放射状に配列することで軽量感
や吸汗速乾性を実現した.

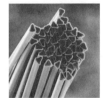

シルミー5三角断面

ルミエース
(吸水拡散繊維)

図2.32 異形断面繊維・中空繊維の例
[左4個はユニチカ提供]

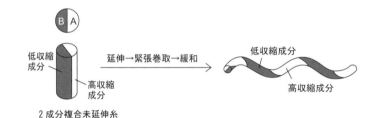

図2.33 サイドバイサイド

ート技術は,1959年のデュポン社のアクリル複合繊維 Orlon-Sayelle の開
発に端を発する.たとえば,熱収縮特性の異なる2種類のアクリルポリマ
ーを羊毛のオルソ・パラコルテックス組織のようにサイドバイサイド配置
で接合して1本の糸とし熱処理すれば,糸にクリンプが発生して羊毛のよ
うな風合いを付与できる(図2.33,サイドバイサイド).このようなアク
リル繊維は保温性と耐水洗濯性によってセーターなどに用いられる.

④**超極細繊維**

繊維の太さをどんどん細くして不織布を作ると天然皮革のような風合い
が生まれる.1964年に倉敷レイヨン(現(株)クラレ)から発表されたク
ラリーノ®は,図2.34の海島型コンジュゲート繊維のうち海成分のみを溶
解除去することで0.01テックス(tex)以下の超極細繊維の製造を可能と
し,不織布とすることで実現した.その後,さまざまな人工皮革用繊維が
開発され,現在,人工皮革素材には本革のように艶のある銀面タイプと起
毛したスエードタイプがあり,銀面タイプは,ランドセルや靴など,スエ
ードタイプは,衣料品,インテリア,自動車用シートなどに用いられてい

図2.34 超極細繊維の製造方法（海島型）

る．一方，図2.35に示す分割型繊維の断面のように親和性の
低いポリマー同士を接合して1本の糸にしたのち，機械的に揉
むことで接合面に割れ目を生じさせ，細い繊維を得ることで製
造する方法がある．人工皮革以外の用途としては，眼鏡などの
ワイピングクロス，特殊フィルターなどがある．

図2.35 超極細繊維（分割型）

⑤高発色繊維

高発色繊維は，染色ではなく，微細な構造を繊維内部や表面に形成させ
特徴的な色や深い神秘的な色相を発現させた繊維で
ある．

図2.36に構造発色繊維モルフォテックス®の発
色原理を示す．モルフォ蝶の特徴的な青色が光の干
渉現象であり，鱗粉中の突起物の周期的な配列によ
って生じていることをヒントとし，屈折率の異なる
2種類のプラスチック超薄膜を交互に61層周期的
に重ね合せている．そして，全体を厚さ約5 μmと
した構造物を扁平なポリエステル繊維の中に配置す
ることで，繊維からの反射光同士を相互に干渉さ
せ，特定波長の光のみを強め合うようにし，構造色
を実現している．

繊維の審美性を高める技術として繊維表面に微細
な凹凸を生じさせるミクロクレーター技術がある
（図2.37）．蛾の角膜の突起構造が夜の微弱な光を
効率よく角膜レンズへ透過させることをヒントとし
ている．ミクロクレーター繊維はとくにフォーマル
衣料分野で利用されている．

⑥高強力・弾性率繊維

高強力繊維とは，一般に引張強度が2 GPaを超え
るものを指す．繊維を構成する屈曲性高分子の束を
すべて伸び切り鎖にできれば高強度化が期待でき
る．一方，弾性率は，繊維が100%結晶となること

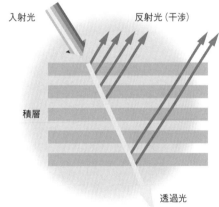

図2.36 構造発色繊維 "モルフォテックス®" の
発色原理

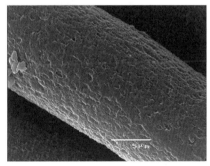

図2.37 ミクロクレーター繊維の例
（クラベラ SN2000®，（株）クラレ）

を理想とすれば結晶弾性率が限界となる．高強度化は，高分子の高分子量化と紡糸技術の開発，あるいは液晶性の付与によってある程度達成された．前者の具体例は東洋紡（株）の超高分子量ポリエチレンを用いたダイニーマ®（現イザナス®）の開発，後者は，デュポン社による*p*-フェニレンテレフタルアミドを用いた液晶紡糸によるケブラー®の開発があげられる．しかし，もっとも単純な構造のポリエチレンですら引張強度は理論値の10％程度，引張弾性率は結晶弾性率の50％程度にとどまっている．これは製造中に繊維内部に欠陥が生じるためである．図2.38に各種，高強力・弾性率繊維を比較して示す．

[河原　豊]

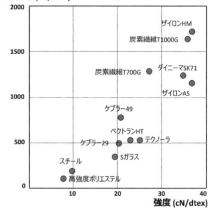

図2.38　高強力・弾性率繊維の特性比較
ザイロンとケブラーの密度は，1.5 g/cm³，ベクトランは1.4 g/cm³，ダイニーマは0.97 g/cm³として換算した．

出　典

S. Kumar（1993）*Journal of Materials Science*, **28**, 423-439
石川欣造 監修（1986）『繊維（三訂版）』pp.127-136，東京電機大学出版局
石崎貴裕（2010）表面技術，**61**，747-750
伊藤浩三（1993）繊維学会誌（繊維と工業），**49**，50-55
伊藤泰輔（1995）繊維機械学会誌，**48**，409-418
上田政人，平賀淳人，西村 哲（2011）日本複合材料学会誌，**37**，103-110
大田康夫（2010）繊維学会誌（繊維と工業），**66**，91-97
加茂 純（2003）繊維機械学会誌，**56**，126-132
黒川浩亨，笠島昌俊，越智隆志（2007）繊維学会誌（繊維と工業），**63**，125-127
小久保謙一他（2014）人工臓器，**43**，238-241
標葉二郎（1968）高分子，**17**，869-878
島　司，池田昌孝（1989）繊維学会誌（繊維と工業），**45**，229-233
繊維学会 編（2004）『第3版 繊維便覧』pp.187-197，丸善
ナノテクノロジービジネス推進協議会（NBCI）/CNT 分科会（2015）CNT（カーボンナノチューブ）発がん性に係るNBCI見解，https://www.nbci.jp/file/20160115.pdf
泊みゆき，原後雄太（1997）『アマゾンの畑で採れるメルセデス・ベンツ』，築地書館
日置勝洋（1992）繊維機械学会誌，**45**，404-410
松井雅男（1988）繊維機械学会誌，**41**，122-128
三原正義（1968）高分子，**17**，879-887
宮内 実（2012）機能紙研究会誌，**51**，53-57
吉村三枝（2003）高分子，**52**，826-828
渡辺幸二，飯島弘通（1998）繊維学会誌（繊維と工業），**54**，124-128

2.3　繊維の性質

2.3.1　化学的特性

a. 吸湿性

気体の水分（水蒸気）を繊維が吸着する性質を吸湿性といい，繊維を形

成する分子構造における極性基[30]（親水基）の有無，水素結合の強さ，非晶領域の多少が大きく影響する．水蒸気が繊維内にとどまるためには，繊維に水分子を引きつける部分があり，さらに水分子がなじみやすいほうがよい．よって，水素結合を生成できる極性基が多く存在し，水分子が浸入できる非晶領域も多い繊維は，吸湿性が大きい．例として，吸湿性に優れている天然繊維や再生繊維などのセルロース繊維は，ヒドロキシ基（-OH）が極性基として多く存在する．一方，セルロースをアセチル化したアセテートなどの半合成繊維は，ヒドロキシ基が少なくなるためセルロース繊維よりも吸湿性は小さくなる．

また，同じセルロース繊維でも，綿とレーヨンでは結晶化度が異なり，綿は60〜70%，レーヨンは30〜50%程度とされている．よって，綿よりも非晶領域が多いレーヨンのほうが，吸湿性は大きくなる．

合成繊維のポリエステルやアクリルにも，エステル結合（-COO-）やニトリル基（-CN）などの極性基は存在するが，数は少なく水分子を引きつける力が弱い．また，結晶化度も高いため吸湿性や吸水性が非常に低い．一方，合成繊維でも絹や羊毛と同じ極性基をもつナイロンは，吸湿性を示す．

絹や羊毛は，アミノ基（-NH$_2$），カルボキシ基（-COOH），ペプチド結合（-CONH-）といった極性基や，非晶領域が多く存在するため吸湿性に優れている．表2.3に示したとおり，おもな繊維の中でも羊毛の水分率[31]は，標準状態（20℃，65% RH）において13〜17%ともっとも高い．一方，羊毛の表面を覆うスケールの最外層は疎水性であるため，液体の水分を吸収する性質である吸水性は劣る．吸水性は，繊維内部よりも繊維表面の状態が影響するため，羊毛のように吸湿性と吸水性が異なる場合がある．また，羊毛などの動物性繊維は，水分を吸収すると吸着熱が発生する．吸着熱は，水分を吸収するセルロース繊維にも発生するが，繊維内部や繊維間に吸湿，吸水された水分によって体熱も奪われるため，吸着熱は低くなる．表2.4は，代表的な各種繊維の吸着熱である．羊毛は調湿作用があり，水分をたくさん吸収することなく，また水分を一気に放出することもなく，繊維内で適度に水分をコントロールするため，吸着熱を多く発生させること

[30] **極性基**
有機化合物の極性をもった原子団のこと．水和されやすい基を親水基，水和されにくい基を疎水基という．

表2.3 各種繊維の水分率

繊維名	水分率 [%]	
	公定水分率[32]	標準状態 （20℃，65% RH）
綿	8.5	7.0〜8.5
羊毛	15	13〜17
絹	12	11〜12
亜麻	12	12〜14
ラミー	12	11〜12
レーヨン（ステープル）	11	12〜14
キュプラ	11	12〜14
ポリノジック	11	12〜14
アセテート（ステープル）	6.5	6.0〜7.0
トリアセテート	3.5	3.0〜4.0
ビニロン（ステープル）	5	4.5〜5.0
ナイロン6	4.5	3.5〜5.0
ビニリデン	0	0
ポリ塩化ビニル	0	0
ポリエステル	0.4	0.4〜0.5
アクリル	2	1.2〜2.0
アクリル系	2	0.6〜1.0
ポリプロピレン	0	0

［出典：繊維学会（2004），p.132］

[31] ある一定の温度と相対湿度（RH：relative humidity）の環境において，繊維が含む水分量の割合．

[32] 繊維材料は重量で商取引されることが多く，繊維の水分特性が大きく影響する．そのため，基準となる公定水分率が国際的に定められており，標準状態における水分率とほぼ等しい．

ができる．この吸着熱に着目した繊
維が，ポリアクリレート系繊維であ
る．アクリル繊維を原料に改質して
親水化し，同時に高架橋化した繊維
で，側鎖に多くの親水基があるため
天然繊維よりも高い吸湿性を示し，
代表的な吸湿発熱性繊維として普及
している．

表 2.4　各種繊維の吸着熱

	ポリアクリレート系繊維	ウール羽毛	綿	ポリエステル
吸着熱[J/g]	800～2,000	350～450	40～50	ほとんどなし

C80熱量計を用いて，試料を絶乾から，25℃，80.5％の条件下で測定した．
[出典：繊維学会（2004），p.465]

b. 燃焼性

　物質の燃焼は，熱分解によって発生した可燃性ガスが酸素と化学反応
し，それによって生じた熱でさらに熱分解を繰り返し燃焼が継続する．し
かし，燃焼によって生じる物理的および化学的変化は物質によって異な
る．繊維も種類によって，着火の難易，燃焼の速度や持続性，溶融や自己
消炎性の有無，煙やガスの発生状況が異なる．これらの燃焼挙動の違い
は，繊維の鑑別方法にも利用されており，繊維を易燃性，可燃性，難燃性，
不燃性に分類することができる．

　私達が着用している衣服や身の回りの繊維製品には，燃えやすい繊維が
使われていることが多い．そのため，安全性への配慮が必要な場合には，
難燃加工が施される[*33]．また，難燃性を付与した難燃繊維も製造されて
おり，次のような技術が用いられている．塩素やフッ素
を含む化合物を共重合させ，熱分解によって発生するハ
ロゲン系の不燃性ガスで酸素濃度を低下させ燃焼の進行
を防ぐ．リン系化合物を共重合させることで，炎に触れ
た際に発生したリンが酸化し，その脱水作用で繊維を炭
化させ，その炭化物が繊維を覆うことで燃焼の進行を妨
げる．芳香族系の剛直な高分子を用いて繊維化すること
で，熱分解が生じにくくなり可燃性ガスの発生を抑制す
る．

[*33] 布の状態や繊維製品を難燃化する場合は，防炎加工といい区別される．

　難燃性を測る尺度として用いられる数値に，限界酸素
指数（LOI：limited oxygen index）がある．日本工業規
格（JIS L 1091）では，LOI 値を「規定された試験条件に
おいて，材料がぎりぎり有炎燃焼を維持できる酸素と窒
素の混合気中の最低酸素濃度（vol％）」と定義している．
よって，LOI 値が高いほど燃えにくく，一般的に 26 以
上のものが難燃性，空気の酸素濃度以下となる 20 未満
は易燃性に分類される．表 2.5 のとおり，易燃性の繊維
である綿やレーヨンなどは，LOI 値が 18％とかなり燃

表 2.5　各種繊維の限界酸素指数

繊維	限界酸素指数（％）
（易燃性）	
綿	18.4
レーヨン	18.2
キュプラ	18.0
アセテート	18.0
アクリル	18.0
（可燃性）	
毛	23.8
絹	23.6
ナイロン	21.2
ポリエステル	20.8
（難燃性）	
アクリル系	26.3
難燃アクリル	31.1
難燃ポリエステル	25.8～30.0
芳香族ポリアミド	29.0
フェノール系繊維	33.5
ポリ塩化ビニル	40.5

[出典：繊維学会（2004），p.126]

えやすいことが分かる．セルロース繊維は，着火するとすぐに炎をあげて燃え広がり，炎から離しても燃え続ける自燃性がある．半合成繊維やアクリルなども炎を出して速やかに燃えるが，溶融しながら燃焼した後に黒い塊状の灰を残す．タンパク質繊維の羊毛や絹は可燃性に分類され，縮れながら徐々に燃焼が継続するが，炎から遠ざけると自然に消炎する（自己消炎性）．合成繊維のポリエステルやナイロンは，炎に近づけると軟化・溶融しながら燃焼が進行する．この溶融物をすぐに引っ張ると再び繊維状になる．これが熱可塑性高分子の特徴であるが，着衣着火時に粘着性のある溶融物が皮膚などに付着すると，取れずに火傷を負う可能性が高く注意が必要である．

c. 耐薬品性

　衣服を洗濯，しみ抜き，漂白する際には，洗剤や薬品を使用する．一般の家庭で多いトラブルは，不適切なしみ抜き剤や漂白剤の使用や，ドライクリーニングの溶剤による繊維の劣化がある．また，さまざまな薬品を扱う業務では，人体を防護するために薬品への抵抗性が高い作業着が求められる．繊維の耐薬品性を理解し適切に選択することは，衣服だけでなく人体も守ることにつながる．

　種々の薬品に対する抵抗性を耐薬品性といい，繊維の性質によって酸やアルカリ，有機溶剤などへの耐薬品性は異なる．この相違が，繊維の鑑別や化学繊維の製造にも利用されている．繊維の耐薬品性は，一定温度と濃度の試薬中に，同じ大きさまたは質量の試料を一定時間浸漬した後，寸法や質量など外観変化を観察して評価する．

　一般に，綿などのセルロース繊維は，アルカリに強いが酸に弱く溶解・膨潤する．これは，セルロースの β-グルコシド結合が酸によって加水分解し切断されるためだと考えられている．また，セルロース繊維でも綿より分子量や結晶化度が低いレーヨンやキュプラは，耐薬品性が低下する．絹などのタンパク質繊維はアルカリに弱く，こちらはペプチド結合が加水分解し溶解・脆化[*34]するため，通常洗濯に使用される弱アルカリ性合成洗剤は使用すべきでない．合成繊維は酸やアルカリに比較的強いが，ナイロンなど酸の濃度によっては溶解するものもある．このような，薬品によって繊維の高分子鎖が切断され溶解する現象とは別に，薬品と繊維との親和性が高いために溶解する現象もある．例として，ヒドロキシ基をアセチル化して得られるアセテートは，極性が低くなるため，ともに極性の低いアセトンに溶けやすくなる．また，アセトンなどの有機溶剤に対しては，天然繊維や再生繊維は強く，半合成繊維や合成繊維は特定の有機溶剤に溶解しやすい．

　漂白剤は，酸化または還元の作用で繊維に付着した色素を分解するもの

[*34] 物質が本来もつ粘り強さ（靭性）が低下し，もろくなることを脆化という．

である．漂白剤として次亜塩素酸ナトリウムがよく使用されるが，漂白作用が強いため繊維が脆化する恐れがある．とくに，羊毛や絹などタンパク質繊維はアミノ基と反応して黄化し，ナイロンやポリウレタンも塩素の作用で黄変や脆化するため使用できず，これら繊維には還元漂白剤が用いられる．

d. 耐候性

　私達が生活している中で，衣服はさまざまな環境にさらされている．着用者が屋外にいる場合は，日光や風，雨水，空気中に存在する酸素や浮遊物質，各種ガスなどからの影響を受けながら，私達の身体を防護している．衣服材料が，これら屋外の環境からの影響に耐えることができる性質を耐候性という．

　衣服は着用時だけでなく，洗濯などで繰り返し外気や日光にさらされることも多く，経時的に強度低下や変退色を起こす．日光など光に対する抵抗性を耐光性といい，耐光性には繊維の分子構造が関係する．光は短い波長ほど高いエネルギーをもつため，紫外線のもつ高エネルギーによって，繊維を構成する高分子鎖の結合が切断され，繊維が脆化し引張強度や伸度が低下する．また，紫外線は繊維だけではなく染料分子を変質させ，変退色を引き起こす．

*35 日光や風雨にさらされることを曝露という．

　図2.39は，長期間屋外で曝露*35されたナイロン繊維の電子顕微鏡写真である．絹やナイロンのような，アミド結合を多く含む繊維は耐光性が低い．アミド結合は結合エネルギーが小さいため，まずその結合部分から切断が起こり，分子量が低下して強度に影響を及ぼすと考えられている．写真

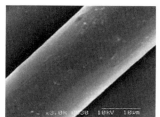

曝露前　　　　　　　　　　曝露217日後

図2.39　長時間屋外で曝露されたナイロン繊維の変化

のように，繊維表面にも亀裂が入り，脆化していることが分かる．また，日光だけではなく，酸素や窒素酸化物の存在も繊維の劣化を促進し，さらに水分共存下においてはとくに劣化が促進される．

　絹もペプチド結合の切断による強度低下と，黄変が生じる．これは，絹を構成しているアミノ酸のチロシン，トリプトファンなどが光によって化学反応を起こすためではないかといわれている．一方，アクリルは，炭素結合が連なった直鎖状高分子であるため，耐光性に優れた繊維である．

［竹本由美子］

参 考 文 献

JIS L 1091（1999）繊維製品の燃焼性試験方法
石崎舜三（1989）化学と教育，**37**(2)，151-155
島崎恒藏 編（2009）『衣の科学シリーズ 衣服材料の科学 第3版』，建帛社
繊維学会 編（2004）『第3版 繊維便覧』，丸善
日本衣料管理協会（2016）『新訂3版 繊維製品の基礎知識 第1部—繊維に関する一般知識—』，日本衣料管理協会
日本化学繊維協会ウェブサイト，https://www.jcfa.gr.jp（最終閲覧：2019年3月6日）
日本繊維技術士センター 編（2016）『業界マイスターに学ぶ せんいの基礎講座』，繊維社
中島利誠 編著（2010）『新稿 被服材料学—概説と実験—』，光生館
林 雅子 監修（1975）『被服材料学 改訂版』，実教出版

2.3.2　物理的性質

　衣服は着用や洗濯などの取扱いにおいてさまざまな外力を受ける．その外力に対応する性質を物理的性質，機械的性質あるいは力学的特性という．繊維に加わる外力は引張，曲げ，摩擦，ねじりなどがある．実際の着用などにおいては，これらの力が複合的に繊維に作用する．

a. 引張特性
応力-ひずみ曲線

　繊維の一端を固定し，もう一方に荷重をかけて引っ張っていくと，繊維は伸び，そして最終的に切断する．縦軸に引張の荷重，横軸に伸びをとり図示したものを荷重-伸長曲線という．しかし，繊維の太さが異なる場合，荷重そのものでは単純に強さの比較をすることができないため，荷重を繊維の太さ（繊度あるいは断面積）で除した値を用いる．この基準化した値を応力という．伸びについても元の繊維の長さで除してひずみ（百分率にした場合は伸び率）を算出する．この応力とひずみ（伸び率）の関係を表したものを応力-ひずみ曲線という（図2.40）．

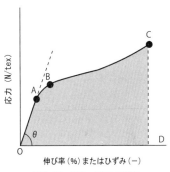

図2.40　応力-ひずみ曲線

　図2.40において，OA間は応力（荷重）と伸びが比例関係にあり，フックの法則が成り立つ部分である．B点のあたりから伸びに対する応力（荷重）の増加が小さくなる．B点に到達する前に外力を除けば，変形は元の長さまで回復する．このような性質を弾性[36]という（次頁の弾性回復のパート参照）．そのまま引っ張り続けるとC点で切断に至る．B点を降伏点，C点を切断点という．切断するときの応力を引張強度，引張強さ，切断または破断強度といい，切断時の伸び率を切断伸度または破断伸度という．

　この応力-ひずみ曲線から繊維の強さや伸びだけでなく，硬さや丈夫さも知ることができる．OA間の傾きをヤング率[37]（初期引張抵抗度）とい

[36] 繊維が完全な弾性体であれば，応力-ひずみ曲線は直線のまま切断に至る．

[37] **ヤング率**
物体に外力が加わったとき，その応力 σ とひずみ ε との間に比例関係が成り立つ範囲において，比例定数 $E = \sigma/\varepsilon$ をヤング率あるいは縦弾性定数といい，材料によって固有の値を持つ．各繊維のヤング率は巻末の繊維の性能表を参照のこと．

い，繊維の弾性を表している．曲線で囲まれたグレーの面積は破断仕事量であり，丈夫さ（強靭さ，タフネス）を表している．

各種繊維の引張特性

図 2.41 に各種繊維の応力-ひずみ曲線を示す．繊維によって引張特性は大きく異なる．麻，綿はヤング率，強度ともに大きい繊維であるが，伸度は小さい．ポリエステルとナイロンは強度，伸度ともに大きいが，ポリエステルはヤング率が大きく，丈夫なタイプ，ナイロンはヤング率が小さく，柔らかくて丈夫なタイプである．羊毛[*38]，レーヨン，アセテートに関しては伸度は大きいがヤング率と強度は小さ

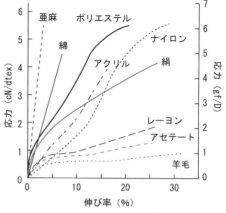

図 2.41 各種繊維の応力-ひずみ曲線
[日本繊維技術センター（2016）]

く，柔らかく弱い．絹は繊細なイメージがあるが，ヤング率，強度も大きく伸度もあるバランスの良い繊維である．

引張強度に影響する因子として，①温度，②湿度，③引張速度などがある．温度に関しては，一般に，高温になると伸度は増加し，強度は低下する．低温になると強くもろくなる．とくに合成繊維は温度の影響を大きく受ける．

[*38] 羊毛はらせん構造をとっているため伸びやすくヤング率が小さい．

湿度の影響は繊維の種類によって異なり，とくに親水性繊維ではその影響が大きい．図 2.42 に標準状態（20℃，65％RH）における引張強度を基準（0）としたときの，相対湿度に対する乾湿の強度比変化を示す．綿や麻などの植物繊維は湿潤すると強度が増す．しかし，同じセルロース繊維でもレーヨンやキュプラは著しく強度低下を起こす．ポリエステルなどの疎水性繊維は乾湿の影響を受けない．湿潤強度は洗濯などの取扱いの際に考慮すべき重要なポイントといえよう．

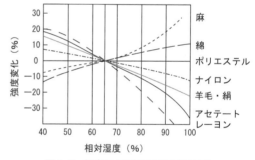

図 2.42 湿度による各種繊維の強度変化
[山口（1984）より作成]

また，引張速度が増すと切断強度は大きくなる．

弾性回復

物質に外力を加えると物質は変形する．外力を除くと元に戻る性質を弾性といい，外力を除いても元に戻らない性質を塑性という．繊維が切断する前の C′ 点で除重すると，図 2.43 のような応力-ひずみ曲線が得られる．荷重時と除重時での応力が大きく異なっており，行きと帰りの曲線が同じ経路をとらない．このような現象をヒステリシスという．

前頁でも述べたように，B 点に達する前に除重すれば繊維は元

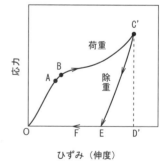

図 2.43 繊維の弾性回復

の長さまで戻る．C′ 点で除重すると OD′ まで伸ばされた繊維は瞬間的に
D′ 点から E 点までひずみは回復し，さらに時間が経つにつれて F 点まで
徐々に回復する．D′ から E までの回復を瞬間弾性回復，E から F までの
回復を遅れ弾性回復という．そして完全に元に戻らない部分 OF を永久ひ
ずみあるいは残留ひずみという．

瞬間弾性回復率は次式で表され，弾性回復の程度を示す．

$$瞬間弾性回復率（\%）＝\frac{D′E}{OD′}×100$$

次に，変形と弾性回復の時間経過との関係について考える．繊維に一定
の荷重をかけると，繊維は瞬間的に伸びる．そして，荷重を変化させてい
ないにもかかわらず時間の経過とともに繊維の伸びは徐々に増加する．こ
のような現象をクリープという．ある点で除重すると，瞬間的に伸びは回
復し，さらに時間の経過とともに遅れ回復が起こる．そして回復しない部
分が残り，これは永久変形である．

ナイロン，ポリエステル，羊毛は弾性回復に優れ，セルロース系繊維は
弾性回復が悪い．弾性回復は繊維製品の防しわ性や形態安定性と密接に関
係している．瞬間弾性回復はしわのつきやすさに関係し，遅れ弾性回復は
しわの回復，永久変形はしわや型崩れに影響する．

b. 曲げ特性

繊維の曲げやすさやねじれやすさは繊維の断面積と断面形状に影響され
る．繊維が優れた材料であるのは，その細さゆえであることは 1 章で述べ
た．細くて長いものは繊維軸に垂直の力に対して曲がりやすい．繊維の直
径を d としたとき，その曲げ剛性（曲げかたさ）は次式で表される．

$$曲げ剛性 ＝ E\frac{\pi d^4}{64}$$

ここで，E はヤング率，$\pi d^4/64$ は断面二次モー
メントである．この式は，曲げ剛性は直径の 4 乗
に比例することを示しており，繊維の直径が 2 倍
になると 16 倍も曲げにくくなり，直径が 1/2 す
なわち半分になると，16 倍も曲げやすくなること
が分かる．つまり，細い繊維ほど曲がりやすく柔
軟である．

図 2.44 に動物繊維の太さを棒グラフにして示
す．いずれの繊維も主成分はタンパク質であり，
ヤング率は同じだと仮定すると，繊維の柔らかさ

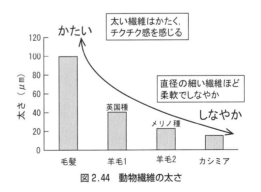

図 2.44 動物繊維の太さ

は上の式から繊維の太さで決定されることが分かる．カシミヤはしなやか
で肌触りが良いことは周知のことであり，髪の毛では衣服用の布を作るこ
とはできないことも容易に想像がつく．太さ $20 \mu m$ 以下の繊維で作られ
た布は肌触りが良いとされる．

c. 摩耗性

　表面摩擦により繊維が損傷することを摩耗といい，摩耗減少に対する抵
抗性を摩耗強度という[39]．一般にナイロンやポリエステルなど合成繊維
は強く，羊毛，レーヨン，アセテートなどは弱い．同一繊維でできた布の
耐摩耗性は，紡績糸よりフィラメント糸，編物よりも織物の方が大きい．

[39] 4.9.1 項 g の表
4.4 参照．

d. 熱的特性

　繊維を加熱していくと，柔らかくなり物理的性質が変化する．この変化
が起こる点をガラス転移点 T_g という[40]．さらに温度を上げていくと，半
合成繊維と合成繊維は軟化点，融点（融解点）T_m を経て熱分解する．しか
し，天然繊維と再生繊維は軟化・溶融せずに熱分解する．このように，天
然繊維と再生繊維のグループと半合成繊維と合成繊維のグループでは熱的
性質が大きく異なる．なお，繊維によっては，軟化点や融点を観察できな
いものもある．

[40] 表 2.1，および
4.9.5 項 a 参照．

　半合成繊維と合成繊維は軟化点が存在するため熱可塑性をもつ．熱可塑
性とは，繊維を加熱することによって軟化変形し，冷却するとその形状の
まま固化する性質である．この熱可塑性を利用して，ヒートセットができ
る．ヒートセットは，ガラス転移点以上，軟化点以下で行うが，軟化点に
近い温度域で効果的にセットされる．繊維のガラス転移点が常温以上であ
れば，セット効果は永久に続く．また，ヒートセットの際には水分を付与
するが，これは，水分付与によりガラス転移点が下がり，セット効果を高
めるためである．

　ヒートセットは布の寸法安定性，プリーツ加工やしわ加工など，衣服の
形態安定性，糸のよりの安定化や加工糸の製造などに利用される．

［松梨久仁子］

参 考 文 献

成瀬信子（1993）『基礎被服材料学 第 2 版』，文化出版局
日本繊維技術士センター 編集（2016）『業界マイスターに学ぶ せんいの基礎講座』，繊維社
山口正隆他（1984）『被服材料学』，建帛社

3　糸

　糸とは繊維を集束させて，より（撚り）をかけ，連続した細長い形状の束にしたものをいう．糸は，繊維の種類，繊維の形態（ステープル，フィラメント），製造・加工方法，より形態（よりの強さ，甘さ）などの構造的特徴，用途によって分類される．

3.1　分　　類

　糸の種類についてさまざまな視点から分類すると，繊維素材による分類では綿糸，麻糸，毛糸，絹糸，レーヨン糸，ナイロン糸，ポリエステル糸などに分類できる．よりの程度や合糸に着目した分類では，強ねん糸，甘より糸，単糸，双糸，諸より糸，ひきそろえ糸などに，用途による分類では，縫い糸，織糸，編糸，レース糸などに分類できる．

　糸は，ステープル（短繊維）によりをかけて作られる紡績糸（スパン糸）と，フィラメント（長繊維）から作られるフィラメント糸に分類できる．フィラメントには，モノフィラメント糸*1と，マルチフィラメント糸*2がある．そのほか，2種以上の材質を混ぜた糸や，ステープルとフィラメントを混ぜた複合糸もある（表3.1）．紡績糸とマルチフィラメント糸の外観を図3.1に示す．

表 3.1　糸の分類

糸の分類	繊維	糸の種類
紡績糸	綿，麻，毛，絹（副蚕糸）化学繊維（ステープル繊維）	リング糸（カード糸，コーマ糸），オープンエンド糸，トウ紡績糸，サイロスパン糸など
フィラメント糸	絹（解舒糸）化学繊維（フィラメント繊維）	モノフィラメント糸，マルチフィラメント糸，加工糸，混繊糸など
複合糸	ステープル繊維とフィラメント繊維の各種組合せ	コアスパンヤーン，カバードヤーンなど

［出典：島崎（1999），p.37］

3.1.1　紡績糸（スパン糸）

　ステープルを平行に並べよりをかけて糸にしたものをいい，この糸の製造過程を紡績という．綿，麻，毛は紡績しないと糸にはならない．フィラメント繊維はステープルにしてから紡績糸にする．

　よりには繊維同士に摩擦力を与えて繊維が抜けないようして糸に強度を与え，糸のまとまりをよくして形状を整え

図 3.1　紡績糸とフィラメント糸の外観
（いずれも＃60）

るなどの役割がある.

　紡績糸の外観は，図3.1に示すように繊維が糸表面から飛び出して毛羽があり，太さムラがある.

　紡績の原料は，綿，麻，毛などの天然繊維と，フィラメントを切断して人工的に作った化学繊維がある．紡績方法は，繊維原料により異なる．紡績の種類には，綿紡績，毛紡績（梳毛紡績，紡毛紡績），麻紡績，絹紡績，化繊紡績がある.

a. 綿紡績

　綿の紡績工程は，短い繊維である綿繊維に適する紡績法である．原綿（原料）には，土砂，種子，茎の破片などの不純物が含まれている．また，繊維内に圧縮によるひずみが生じている．このような原綿から綿糸を作る．紡績工程は，ⅰ）混打綿 ⇨ ⅱ）カーディング ⇨ ⅲ）コーミング ⇨ ⅳ）練条 ⇨ ⅴ）粗紡 ⇨ ⅵ）精紡の順に進める.

　ⅰ）混打綿　開俵し，圧縮された原綿を自然回復させる．紡出する糸により，数種類の原綿を混ぜ合わせる．塊状の原綿を解きほぐし，ふわふわの綿にして開繊する．開繊した綿から葉や茎のくず，土砂，ごみなどの夾雑物を取り除き，厚いシート状のラップを作る．開繊や除じんを効果的に行うために綿に打撃を与えたり，空気流の作用を利用したりする装置が開発されている.

　ⅱ）カーディング（梳綿）　ラップをカード機（梳綿機）にかけて繊維を解きほぐし，1本1本分離させ，不純物やネップ（繊維の強硬なもつれ）を取り除く．さらに綿繊維を引き伸ばし，平行にそろえ，ウェブ（薄い膜状の繊維集合体）をワイヤから引き離し，まとめて束にして，ひも状のスライバー（篠）を作る.

　ⅲ）コーミング　コーマ機の梳り作用で，スライバーの短繊維をさらに除去する．製造する糸によって，この工程を省略することがあり，この綿糸をカード糸といい，コーミング工程を通して作られた綿糸をコーマ糸という．カード糸よりも高級な糸となる.

　ⅳ）練条　カードおよびコーマで出てきたスライバーは，1本の中で太さのばらつきがある．スライバーを均一にするために何本かのスライバーをダブリング（合わせて束にする）し，練条機のローラーによりドラフト（長さ方向に引き伸ばして細くする）を繰り返し，太さむらの少ない均一なスライバーを作る.

　ⅴ）粗紡　スライバーにさらにドラフトをかけて細くし，次の精紡工程で糸にすることができる太さにする．これを粗糸（ロービング）とよぶ．粗糸は，取り扱うときに伸びたり，切れたりしやすいので，わずかによりを加えてもつれないようにボビン（木管）に巻き取る.

vi）精紡　粗糸を精紡機により，規定の太さまでドラフトし，よりをかけて糸を作る．できた糸をボビンに巻き取る．巻き取ったものをコップ（管糸）という．紡績機は，従来からリング精紡機（図3.2）が多く用いられているが，オープンエンド精紡機（図3.3）は，紡出スピードが速く工程も短いので生産性が高い．日本では綿ポリエステル混紡糸の精紡機に増えている．

図 3.2　リング精紡機

b. 毛紡績

毛の種類は多く，獣毛（カシミヤ，モヘア，アンゴラなど）も含まれる場合がある．毛紡績は，原料の違い，工程により，梳毛糸と紡毛糸に分けられ，梳毛糸には細くて長い良質な羊毛繊維を，紡毛糸には太くて短い羊毛繊維や獣毛を原料とする（図3.4）．

①梳毛糸

梳毛糸は，細くて長い良質な羊毛繊維を原料とし，羊毛を十分に梳き，さらに短い毛や不純物を取り除き，繊維を平行にひきそろえ，加撚し，繊維配列を整え，太さむらが少ない糸とする．そのため，表面はなめらかで毛羽が少なく均整な糸となる．梳毛織物としては，サージ，

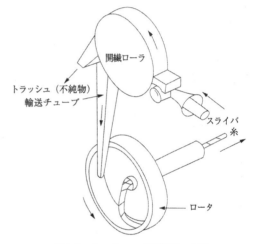

図 3.3　オープンエンド精紡機　内部
[日本衣料管理協会（2016）]

ギャバジン，トロピカルなどがある．梳毛紡績の工程は，ⅰ）選別 ⇨ ⅱ）洗毛 ⇨ ⅲ）カーディング ⇨ ⅳ）コーミング ⇨ ⅴ）前紡 ⇨ ⅵ）精紡となる．

ⅰ）選別　梳毛紡績に適する部分を選別する工程で，羊から刈り取ったフリースを用い，手作業で行われる．

ⅱ）洗毛　羊の油脂（グリース）や汗，糞，土砂汚れなどの不純物を，洗剤で洗う．

ⅲ）カーディング　梳毛カード機に原料を入れ，繊維をときほぐし，1本1本に分け，並べて，雑物を取り除きスライバーを作る．毛紡績に使用するカード機を，ローラーカード機とよぶ．このカード機は長めの繊維に適している．

ⅳ）コーミング　コーマ機にかけて，短繊維や不純物の除去を行い，ト

1000.00μm

1000.00μm

図 3.4　梳毛糸（上），
紡毛糸（下）

ップ*3を作る．トップの状態で染色すること（トップ染め）が多い．異なる色でトップ染めをし，混合すると，霜降り調の糸ができる．

　v）前紡　トップをドラフトし，仮撚り，もみ固めをして，切断しにくい強い粗糸を作る．

　vi）精紡　粗糸を入れ，規定の太さまでドラフトし，さらによりをかけて糸を作る．リング精紡機やサイロスパン精紡機を用いる．

*3 **トップ**
トップとはスライバーを円筒状に巻き上げたもので，西洋コマに似ていることから名付けられた．

　②**紡毛糸**

　紡毛糸は，短毛種の羊毛や獣毛，梳毛糸を紡績するときに出るくず毛などを原料とし，繊維の配列方向もあまり整えず，強く引っ張らないで，ゆるく紡績し，太さむらの大きい糸とする．そのため，糸の表面に毛羽が多く，柔軟でふくらみのある温かい感じの糸となる．紡毛織物としては，ツィード，フラノ，メルトンなどがある．梳毛紡績に比べ，工程が短い．

　紡毛紡績の工程は，i）選別 ⇨ ii）洗毛 ⇨ iii）化炭 ⇨ iv）カーディング ⇨ v）精紡となる．

　i）選別　紡毛用原料のほか，梳毛くず毛，糸くずなどを，繊維状（反毛）にして用いる場合もある．

　ii）洗毛　羊の油脂や汗，糞，土砂汚れなどを，洗剤で洗う．

　iii）化炭処理　紡毛紡績の工程では，コーミング工程を行わないので植物性不純物を取り除くために行う．毛は酸に強いので，植物性不純物を酸で炭化し，粉砕して除去する．

　iv）カーディング　ローラーカード機を用いる．ウェブを分割し，何本もの細い粗糸を一気に作る．

　v）精紡　粗糸にドラフトをかけて細くし，よりをかけて仕上げる．梳毛糸よりもドラフトは小さい．リング精紡機などを用いる．

c. そのほかの紡績糸

　①**化繊紡績糸**

　化学繊維をカットしクリンプを与え，紡績したもの．太いフィラメント束を原料として紡績糸を作る方式をトウ紡績という．

　②**絹紡糸**

　絹の大部分は解舒糸としてフィラメントの状態で使われる．副蚕糸（絹くず）は紡績糸として使われ（絹紡糸），安価だが絹の優れた特性とふくらみをもつ．真綿から紡ぐ方法もある．

　③**麻糸**

　原料を繊維状にし，精紡機にかけて麻糸を作る．

3.1.2　フィラメント糸

フィラメントをひきそろえて糸にしたもので，よりのあるものとほとん

どないものがある．フィラメント糸の外観は，太さが均一で光沢がある．

天然繊維の中で，絹繊維のみがフィラメントとして採取される．化学繊維は基本的にはフィラメントの状態で作られる．

a. 絹糸

繭 1 個の繊維長は，1,000～1,500 m（平均約 1,200 m）と長く，フィラメントである．繭をまず煮繭（80～85℃の温湯に 10 分ぐらい浸す）すると，絹繊維の回りのセリシンが溶けて，表面が軟らかくなり，合わせてよると数本の絹繊維はセリシンで固まる．これを生糸といい，この工程を製糸という[*4]．生糸を目的の太さになるように何本かを合わせて撚糸する．これを精練してセリシンを除くと，絹本来のフィブロインが表面に出て美しい光沢をもつしなやかな絹糸になる．これを練糸という．

[*4] 2.2.1項 b ②参照．

b. 化繊フィラメント糸

紡糸されたフィラメントは 1 本でも糸になり，1 本のフィラメントをモノフィラメント糸，複数からなるものをマルチフィラメント糸という（図 3.5）．

加撚しないでひきそろえにより使用できるが，通常は，フィラメントを収束させるため加撚して使用される．フィラメント数が多い場合は，フィラメントの繊度が小さくなり，織物は手触りが柔らかくなる．

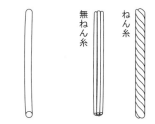

モノフィラメント糸　マルチフィラメント糸
図3.5　フィラメント糸の種類

c. 加工糸

加工糸とは，おもに化学繊維の熱可塑性を利用し，クリンプを与え，伸縮性やかさ高性のある糸にしたものである．加工糸は，伸縮性とかさ高性をもっているので，伸縮性かさ高加工糸ともいわれるが，そのどちらかの性質を強調するかにより，伸縮加工糸，かさ高加工糸に分けられる．伸縮加工糸の加工法には，仮撚法，擦過法，押込み法，賦型法がある．かさ高加工糸の加工法には，空気噴射法がある．加工糸は撚糸後も繊維間の空隙が保持され，保温性や通気性，透湿性のある布地が作られる（表 3.2）．

ⅰ）仮撚法（ウーリー加工）　原理は，加撚—ヒートセット—解撚である．糸を加撚した後，ヒートセットする．次にこのよりを再び解撚することにより，堅ろうなクリンプがそのまま維持され，糸に伸縮性をもたせる．仮撚りの原理を図 3.6 に示す[*5]．

仮撚法は，加熱ゾーンのヒーターによりひずみを加熱し，冷却してヒートセットしながら糸を走行させ，加熱・固定・解撚の行程を連続的に行う方法である（図 3.7（a））．

ⅱ）擦過法　ナイフエッジ部に糸を連続的に擦りつけることで，糸の外

[*5] 図 3.6 に示すように，糸の両端を固定し，その中間点を把持した状態で把持点を n 回旋回させると，把持点を境に上と下では異なる正負のより $n, -n$ となる．このよりは，$n+(-n)=0$ となるので仮撚りとよばれる．

表 3.2　加工糸の形状と特徴

加工法	形状	特徴
仮撚法	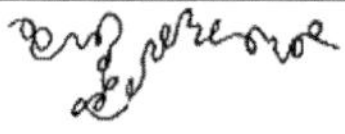	細かいクリンプで，伸縮性，かさ高性に優れ，とくに伸びに優れている．
擦過法		ゆるやかなコイル状のカールで，伸縮性は少ないが，かさ高性があり，風合いがよい．
押込法	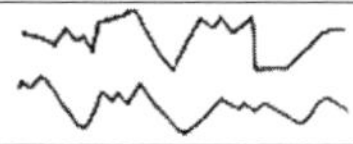	ジグザグのクリンプで，かさ高性に富む．伸縮性は中程度である．
賦型法	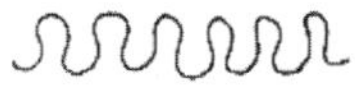	均一で大きなクリンプが生じる．伸縮性は中程度である．
空気噴射法	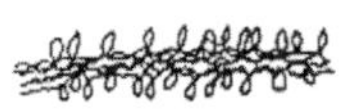	伸縮性がほとんどなく，紡績糸に似た風合いをもつ．

［出典：日本繊維工業教育研究会（2002）］

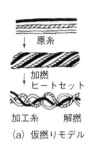

原糸

↓

加撚
ヒートセット

加工糸　　解撚

（a）仮撚りモデル

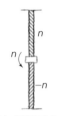

（b）仮撚りの原理

図 3.6
［日本繊維工業教育
研究会（2002）］

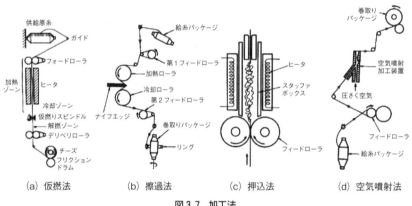

（a）仮撚法　　（b）擦過法　　（c）押込法　　（d）空気噴射法

図 3.7　加工法
［日本繊維工業教育研究会（2002）］

側と内側のひずみ差によってクリンプを与え，可塑性を利用して形を固定しながら巻き取ることにより，カール状のクリンプが形成される方法である（図 3.7（b））．

　iii）押込法　高速回転するフィードローラによってフィラメント糸をスタッファボックスに押し込み，押し込まれたボックス内の繊維は，座屈し，次々と複雑な三次元的なもつれとクリンプを起こし，その状態でヒートセットし，連続的に順次取り出して巻き取る方法である（図 3.7（c））．

　iv）賦型法　一対のギアの間にフィラメントを通過させ，歯型をヒートセットするギア法と，丸編み地をヒートセットしてから解編することによって，糸に編目の規則的ループ状クリンプを付与するニットデニット法がある．

　v）空気噴射法　エアジェットの乱気流効果を用いて，フィラメントに

不規則なループ状のもつれを生じさせる方法である．走行する糸束に高圧空気（エアジェット）を噴射すると，フィラメントはバラバラになり，小さなループやたるみ，からみができる．

空気噴射法は，熱処理を用いないので，熱可塑性のないレーヨンなどにも応用できる（図3.7 (d)）．

3.1.3　複合糸

性質の異なる繊維を，2種類以上混用することを複合という．その目的には，互いの長所を持ち寄り短所を補い，新たな機能性と質感を作り出し，コストダウンや増量を図ることなどがある．混紡，混繊，長短複合などの方法がある．

a. 混紡糸

異なる2種類以上の短繊維を紡績工程で，混ぜて作った糸である．コストダウンや，性質の異なる繊維を混ぜて，互いの特性を生かし，短所を補うために行う．混紡には天然繊維または再生繊維，合成繊維などを使用する．たとえば，綿とポリエステル，毛とアクリルなど，組合せはさまざまである．その混合割合を，質量割合（％）で示す[6]（図3.8）．

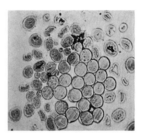

図3.8　混紡糸の断面
（例：綿＋ポリエステル）

[6] 6.3節 a ①参照.

b. 混繊糸

異なる2種類以上のフィラメント繊維束を混ぜ1本の糸を作る．2種のフィラメント繊維を同時に紡糸したり，フィラメント束に静電気を使用したりするなどの方法である．色調の違いや染色性の差により，杢糸調を表現したり，異収縮混繊糸（熱収縮の異なるフィラメント繊維を使用）を作ることができる[7]．

[7] 2.2.2項 f ②参照.

コアスパンヤーン

c. 長短複合糸

ⅰ）コアスパンヤーン（CSY）　芯にフィラメント繊維（ポリウレタン，ポリエステル，ナイロンなど）を用い，綿，毛，合繊などの短繊維で鞘状に覆った芯鞘構造糸である．伸度や強度が増し，外側の綿や毛の風合いが生かされる．

ⅱ）カバードヤーン（CY）　芯に延伸したポリウレタンフィラメント繊維を用い，フィラメント糸（ナイロン）や綿の紡績糸などを巻きつけたストレッチヤーンのことである．シングルカバードヤーン（SCY）とダブルカバードヤーン（DCY）がある．DCYは伸縮性が大きく，身体に強くフィットする製品が作られ，例として，ファンデーション，ストッキング，水着などがある（図3.9）．

シングルカバードヤーン

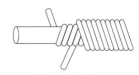

ダブルカバードヤーン

図3.9　複合糸の例

3.1.4 飾り糸

別名，ファンシーヤーン，意匠糸（いしょうし），意匠撚糸（いしょうねんし）ともよばれる．糸の種類や太さ，より数，色調などを変え，ループ，ノット，スラブなどを作り，外観や装飾効果，独特の感触をもたせた糸をいう．多くは意匠撚糸機で作られる．紡績工程でもスラブヤーンやネップヤーンなどの糸が作られる（表3.3）．

3.1.5 縫い糸

縫い糸はミシン糸と手縫い糸があり，それぞれに工業用と家庭用に分かれ，用途によって非常に多くの種類がある．工業縫製では縫い糸を大量に消費するため，糸の巻き取り量は 500 m〜20,000 m 程度で，ボビンの形も色々ある．それに対し，家庭用は 100〜1,000 m，手縫い糸は 20〜100 m である．

ミシン糸の素材としては，従来は綿，絹などの天然繊維が使われていたが，現在はポリエステルやナイロンなどの合成繊維が多く使われるようになり，合繊の中でもとくに丈夫で安価なポリエステル糸の使用がもっとも多くなっている．

ミシン糸には紡績糸，フィラメント糸，ウーリー糸，複合糸，モノフィ

表3.3 飾り糸（ファンシーヤーン）

		糸名	特色	形状
撚糸工程による	意匠撚糸	リングヤーン（ラチーヌ）	からみ糸を芯糸よりもやや多く供給し，表面に凸状に出る糸と，小さなループを形成する糸の2タイプがある	
		ループヤーン（ブークレヤーン）	からみ糸のよりは芯糸と逆方向に中よりにし，大きめのループを形成した糸	
		ブラッシュドヤーン（シャギーヤーン）	ループヤーンのループ部分をカットして毛羽を出した糸	
		シェニールヤーン（モールヤーン）	芯糸の間に短い毛羽が連続的に挟み込まれた糸	
		ノットヤーン（ノップヤーン）	芯糸によりを集中させ，適当な間隔に太い部分が現れた糸	
	意匠撚糸でない	杢（もく）糸	異色の糸を2本以上より合わせた糸（2杢，3杢）	
紡績工程による		ネップヤーン	小さなネップ（繊維くず）が入った糸	
		スラブヤーン	粗糸をミドルローラーに供給して，とびとびに回し，太さむらが現れた糸	

意匠撚糸は基本的に芯糸，からみ糸，押さえ糸の3つの糸から構成される．
［出典：文化服装学院（2019），p.54 より引用作成］

ラメント糸などがあり，本縫い，環縫いなどのさまざまなミシンの性能や
縫製素材の特性，縫製部位によってそれぞれ適切な糸を選ぶ必要がある．

　ミシン糸には柔軟性，平滑性，帯電防止性を与えることにより針温の上
昇を抑えて，糸切れを減少させるためのオイリング（油剤処理）がされて
いる．
［矢中睦美］

参考文献

島崎恒藏 編著（1999）『衣の科学シリーズ 衣服材料の科学』pp.37-49，建帛社
繊維学会 編（1983）『図説 繊維の形態』p.193, 197, 199, 203, 209, 211，朝倉書店
成瀬信子（2014）『改訂版 基礎被服材料学』pp.66-67, 71-73, 77-79，文化出版局
日本衣料管理協会（2016）『新訂3版 繊維製品の基礎知識 第1部—繊維に関する一般知識—』，
　日本衣料管理協会
日本繊維工業教育研究会（2002）『新版テキスタイル製品』，実教出版
文化服装学院 編（2019）『文化ファッション大系 改訂版・服飾関連専門講座③ アパレル素材論』
　pp.33-37, 40-42，文化出版局

3.2　より

3.2.1　よりの役割

　短繊維（ステープル）はより（撚り）をかけないと糸を形成することが
できない．よりをかけることで繊維間の摩擦力が増大し，糸は引張りに対
する強さを示す．紡績糸は，よりが少ない糸は柔らかく含気率が高くな
り，その糸で作られた布地は保温性が大きくなる．よりが強いと糸が締ま
り硬くなり，さらっとした手触りの布地に仕上がる．より数によって糸や
布地の性質に影響を及ぼし，引張強度だけでなく，風合いや含気性，保温
性などに関係してくる．

　長繊維（フィラメント）は必ずしもよりをかけなくても糸として使用す
ることができるが，糸を集束するためにわずかなよりがかけられている．

3.2.2　より方向とより合わせ

　糸のより方向は図3.10に示すようにSよりとZよりの2方向に区別さ
れる．単糸はZよりが多い．単糸を2本以上ひきそろえてより合わせた
糸を諸より糸という．諸より糸にした場合，単糸のよりを下より，諸より
糸にするためのよりを上よりといい，下よりと上よりは逆よりにすること
で，より戻りの力（トルク）が打ち消し合い糸は安定する（図3.11）．ま
た，糸が締まり，太さが均一となり光沢が増す．織糸や編糸，手縫い糸の
諸より糸は，下よりがZより，上よりがSよりになっているものが多い．
縫い糸のミシン糸は，ミシンの高速化により，上よりをZよりにすること
で，糸のよりが締まり糸切れを生じにくくしている．したがって，下より

Sより　Zより

図3.10　糸のより方向

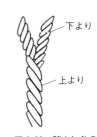

下より

上より

**図3.11　諸より糸の
下よりと上より**

表 3.4 より方向の一例

試料名	方向	より合わせ	より方向 （下より／上より）
40番綿ブロード	たて糸 よこ糸	単糸	Z
60番綿ブロード	たて糸 よこ糸	双糸	Z/S
ポリエステルスパン ミシン糸60番	／	三子糸	S/Z
手編み毛糸	／	四子糸	Z/S

表 3.5 より合わせによる糸の名称

名称		説明
単糸		紡績糸やフィラメント糸の 1 本の糸のことで，より合わせあるいはひきそろえていない糸
片より糸		フィラメント糸を1本あるいは数本ひきそろえてよりをかけたもの
ひきそろえ糸		2 本以上の単糸をひきそろえてよりをかけていない糸
諸より糸	双糸・二子糸	2 本の単糸をより合わせた糸
	三子糸	3 本の単糸をより合わせた糸
	四子糸	4 本の単糸をより合わせた糸
ケーブル糸		2 本またはそれ以上の諸より糸（または単糸と諸より糸）をより合わせた糸

がSより，上よりがZよりに作られる（表3.4）．諸より糸を2本以上ひきそろえ，さらにより合わせて作った糸，または単糸と諸より糸をひきそろえ，さらにより合わせて作った糸のことをケーブル糸という．そのより合わせることをケーブリング，そのよりをケーブルよりという．綿ミシン糸（カタン糸）や毛糸，刺繍糸などの太い糸に用いられる．

諸より糸の種類と名称を表3.5に示す．布地には単糸や双糸が用いられ，縫い糸は三子糸（みこいと）が多く，四子糸は手編み毛糸にみられる．さらに五子糸の諸より糸もある．

糸のより方向によって布地の性質に影響を与える例として，織物の一部により方向が異なる糸を用いると，光沢が変化し線が走ってみえる．ま

表3.6　糸のより数と使用例

より数による糸の名称	より回数/m	使用例
甘より糸 （あまよりいと）	極少ない	フィラメント糸，紡績糸の比較的繊維長が長い羊毛や麻などの糸
弱ねん糸 （じゃくねんし）	300以下	フィラメント糸，毛糸，編物用糸
並より糸 （なみよりいと）	300〜1,000	一般の紡績糸，織物用糸，縫い糸
強ねん糸 （きょうねんし）	1,000〜3,000	ジョーゼット，縮緬，クレープ，デシン，縮みなどの織糸

た，織糸にZよりとSよりの強ねん糸を交互に織り込んで平織とした縮緬やジョーゼット，デシンなどの織物は，布地の垂れ下がりが均一となり，きれいなドレープ性を示す．

3.2.3　より数

　糸のより数は一定の単位長さ間あたりのより回数で示す．一般的に用いられている長さは，紡績糸では1 cm，2.54 cm（1インチ），10 cm，1 mのいずれかで，フィラメント糸は1 mである．表示法は，15/2.54 cm，50/10 cm，450/mと，より回数/測定長さである．より数が少ないのをよりが甘い，よりが多いのをよりが強いという．より数による糸の名称と用途を表3.6に示す．

　より方向とより数を併記する場合は，次のように示す（JIS L 1095）．

　　綿番手，麻番手を用いる場合
　　　単糸：より数を18としたZよりの単糸………………… Z18/2.54 cm
　　　諸より糸：Z18の単糸2本をひきそろえ，
　　　　　　　上より数を12としたSよりの糸……Z/18/S12/2.54 cm
　　　　　　　　　　　　　　　　　　　　　　　　（下より/上より/測定長）

　　メートル番手を用いる場合
　　　単糸：より数を480としたZよりの単糸…………………… Z480 /m
　　　諸より糸：Z500の単糸2本をひきそろえ，
　　　　　　　上より数を400としたSよりの糸………S400/Z500//m
　　　　　　　　　　　　　　　　　　　　　　　　（上より/下より/測定長）

　紡績糸はより数が増すと糸の強度は大きくなるが，一定限度を超えると繊維に力がかかりすぎて疲労し，かえって強度を低下させる．フィラメント糸は，ある程度のより数までは強度変化は起こらないが，最大値（飽和より）を超えると引張強さは減少する（図3.12）．

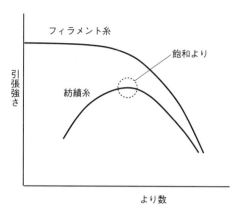

図3.12　糸のより数と引張強さ

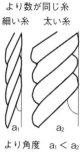

図3.13　太さによる
より角度

3.2.4　よりの強さ

　よりの強さは，より数だけではなく糸の太さも関係する．太さが異なる糸に同じより数をかけた場合のより角度を図3.13に示す．太い糸のより角度のほうが，細い糸のより角度より大きくなっている．これは，太い糸のほうが強いよりがかかり，細い糸では甘よりとなっていることを表す．よりの強さは，より回数とより角度が関係するため，より係数を用い比較するとよい．より係数 K は次式で算出する．

　　恒重式番手の場合：$K = T/\sqrt{N_w}$　$\left(\begin{array}{l} T：より数,　N_w：恒重式番手　見かけの太さ \\[2pt] N_n：恒長式番手　見かけの太さ \end{array}\right.$

　　恒長式番手の場合：$K = T\sqrt{N_n}$

　一般に，織糸は編糸より，より係数が大きくなる．綿番手でのより係数（より数2.54 cm間）は，5以上が強ねん糸，4前後は普通糸，3以下は甘より糸となる（表3.7）．

表3.7　より係数の例（綿糸）

用途	より係数
たて糸（繊維の長いもの）	3.8
たて糸（繊維の短いもの）	4.0
よこ糸	3.3
ニット糸	2.8
クレープ糸	5.2
縫い糸	6.3

番手は綿番手，より数は2.54 cmあたりの数値で算出
［出典：日本衣料管理協会刊行委員会（2012），p.47］

3.3　太　　さ

　糸は柔らかく細い繊維の集合体であり，その形状が一定ではないことから，太さを断面の直径や幅で表すことは困難である．そこで，糸の太さは，糸の質量と長さを基準とし，その基準の何倍かで太さを表示する方式が用いられている．このとき質量を標準とした方式を恒重式番手法，長さを標準とした方式を恒長式番手法という．

3.3.1 恒重式番手法

恒重式番手法は綿，麻，毛などの紡績糸の太さを示す方式で，質量を標準として長さが単位長さの n 倍あるとき n 番手として示す．表 3.8 に示すように，繊維の種類によって標準質量と単位長さが異なり，綿番手，麻番手，メートル番手の 3 方式がある．

表 3.8　恒重式番手法の基準

方式	糸の種類	標準質量	単位長さ	テックスへの換算式
綿番手	綿糸，絹紡糸，化繊紡績糸	453.59 g（1 ポンド）	768.1 m（840 ヤード）	T=590.5/綿番手
麻番手	麻糸	453.59 g（1 ポンド）	274.32 m（300 ヤード）	T=1,653/麻番手
メートル番手	毛糸，毛紡式化学繊維糸	1,000 g	1,000 m	T=1,000/メートル番手

化繊紡績糸・混紡糸：その糸を紡績した方式（綿紡績・羊毛紡績・麻紡績）で用いられている番手を使用

綿番手は，標準質量 1 ポンド（453.59 g），単位長さが 840 ヤード（768.1 m）の糸の太さが 1 番手である．綿糸の質量 1 ポンドで長さが 840 ヤード × 2 倍の糸の太さは 2 番手となる．麻番手は，標準質量は綿番手と同じ 1 ポンド（453.59 g），単位長さが 300 ヤード（274.34 m）が 1 番手である．メートル番手は，標準質量 1,000 g，単位長さ 1,000 m が 1 番手である．恒重式番手法は番手数が大きくなるほど，糸の太さは細くなる．

3.3.2 恒長式番手法

恒長式番手法には，デニール法とテックス法の 2 方式があり，長さを標準とし，質量が単位質量の何倍かで示す．この方式は，数値が大きくなるほど，糸の太さは太くなる．表 3.9 に基準の長さと質量を示す．

デニール法はフィラメント糸の太さを示すときに用いられる方式であるが，単繊維（1 本の繊維）の太さもデニール法で示される．標準長 9,000 m，単位質量が 1 g のとき，1 デニール（D）である．糸の長さが 9,000 m で質量が 5 g のとき 5D となる．テックス法も同様の考え方である．

このように，恒重式や恒長式と糸の種類によって基準が異なり，糸の数

表 3.9　恒長式番手法の基準

方式	糸の種類	標準長	単位質量	テックスへの換算式
デニール	フィラメント糸	9,000 m	1 g	T=0.1111×デニール
テックス	すべての糸	1,000 m	1 g	―
デシテックス	〃	1,0000 m	1 g	T=0.1×デシテックス

値の大小と太さの関係も逆になり混乱をきたすため，国際標準化機構（ISO）では，糸，単繊維のすべての太さを表す国際標準としてテックス法を規定している．ほかの方式で表示する場合は，括弧をつけて相当するテックスを表示する．ほかの方式の太さからテックスに変換する換算式が設定されている．

3.3.3　糸の太さの計算

糸の太さを求める場合は，基準の質量と長さを使用し，次式で算出する．算出された糸の太さを見かけの太さという．

綿番手：　　$N=(453.59/768.1)\times(l/w)=0.5905\times l/w$

麻番手：　　$N=(453.59/274.34)\times(l/w)=1.654\times l/w$

メートル番手：　　$N=(1000/1000)\times(l/w)=1\times l/w$

デニール：　　$D=(9000/1)\times(w/l)=9000\times w/l$

テックス：　　$T=(1000/1)\times(w/l)=1000\times w/l$

N：　　見かけの太さ（s）

D：　　　〃　　　（D）

T：　　　〃　　　（tex）

l：　　測定長（m）

w：　　測定質量（g）

〈例〉

綿糸	フィラメント糸
$l=5\,\mathrm{m}$	$l=5\,\mathrm{m}$
$w=0.098\,\mathrm{g}$	$w=0.065\,\mathrm{g}$
$N=0.5905\times5/0.098$	$D=9000\times0.065/5$
$\quad=30^{\mathrm{s}}$	$\quad=117\,\mathrm{D}$
$T=1000\times0.098/5$	$T=1000\times0.065/5$
$\quad=20\,\mathrm{tex}$	$\quad=13\,\mathrm{tex}\,(130\,\mathrm{dtex})$

3.3.4　糸の太さの表示

糸の太さの表示は，単糸の太さとより合わせまたはひきそろえた糸の本数（合糸数）を表示する．方式によって異なり，恒重式番手は綿番手と麻番手は同じ表示法であるが，メートル番手は表示法が異なる（表3.10）．

恒長式番手の表示は，糸の太さが75の場合，単糸は75 D（75 tex），三子糸は

表 3.10　紡績糸の表示例

糸の種類	綿番手・麻番手	メートル番手
20番手単糸	20^{s}	1/20
20番手双糸	$20/2^{\mathrm{s}}$	2/20
60番手三子糸	$60/3^{\mathrm{s}}$	3/60
60番手双糸の3本より糸	$60/2/3^{\mathrm{s}}$	3/2/60
20番手単糸および 30番手双糸のより糸	$\dfrac{20}{30/2}/2^{\mathrm{s}}$	$2/\dfrac{1/20}{2/30}$
20番手2本ひきそろえ糸	$20//2^{\mathrm{s}}$	2//20

75 D × 3（75 tex × 3），2 本引きそろえでは 75 D//2（75 tex//2）のように示す.

諸より糸の太さを表示する際，恒重式番手は合糸数の前は / を用い，恒長式番手は×を用いて表すのが一般的である.

糸の太さと一緒にフィラメント数を表示することもあり，13 tex f 24 のように表し，24 本のフィラメント（f）が集束し，太さが 13 tex の糸である．13 tex f 36 と比較すると 1 本の糸の太さは同じであるが，f 36 の方が f 24 より細いフィラメントが多く集まってできた糸であることを示す．同じ太さの糸であっても，細いフィラメントを使用しているほうが，しなやかで柔らかい糸となる.

糸の表示には，太さとフィラメント数やより数，より方向を表示し，糸構成を説明する．ただし，必要のない場合は省略してもよい.

表示例（JIS L 0104）

単糸

　紡績糸：　40 tex Z 660（Z 方向へ 660 回/m よりをかけた 40 tex 単糸）

　よりのないマルチフィラメント糸

　　133 dtex f 40 t0（t0：よりがないことを示す記号）

　よりのあるマルチフィラメント糸

　　133 dtex f 40 S 1000；R 136 dtex（R：仕上がりの糸の太さに対する記号）

　（フィラメント 40 本集束した 133 dtex の糸に，S 方向へ 1,000 回/m よりをかけた結果 136 dtex の太さになった糸）

諸より糸

　同じ糸からなる諸より糸

　　双糸　34 tex S 600 × 2 Z 400；R 69.3 tex

　　　　　（S 方向へ 600 回/m よりをかけた 34 tex 単糸を 2 本合わせ，上よりを Z 方向へ 400 回/m よりをかけた結果，69.3 tex の太さになった糸）

　異なった糸からなる諸より糸

　　双糸　（25 tex S 420 ＋ 60 tex Z 80）S 360；R 89.2 tex

縫い糸のミシン糸は，「呼び」という表示法が用いられ，表 3.11 に示す番数で太さを表している．綿糸（合繊スパン糸），絹糸，合繊フィラメント糸，それぞれ糸の種類によって規格が異なるため，綿糸，絹糸，ポリエステルフィラメント糸の 50 番（# 50）では太さは異なる．番数は同種の糸間で比較し，番数が小さいほど太い糸である[*8]．縫い糸（ミシン糸）の太さと構成例を表 3.11 に示す.

手編み毛糸の太さの呼称とそのおもな構成を表 3.12 に示す．そのほか

[*8] **太さ**
#30 ＞ #60 ＞ #90 ポリエステル紡績糸ミシン糸の #30，#60，#90 の糸は，太い #30 は厚地用，#60 は普通地用，細い #90 は薄地用の布地を縫うときに用いられる.

表 3.11   縫い糸の太さと構成例

種類	呼び		太さ	原糸繊度 (JIS) (dtex)	最低値引張り 強さ (N) (JIS)	備考
綿ミシン糸 (カタン糸)	＃8	(6 コード)	30/2/3°	200	22.7	ジーンズ 厚地用
		(3 コード)	16/3°	370	18.9	
	＃20	(6 コード)	40/2/3°	145	17.7	
		(3 コード)	20/3°	300	16.1	
	＃30	(6 コード)	60/2/3°	100	11.6	ボタン付け
		(3 コード)	30/3°	200	10.9	
	＃40	(6 コード)	80/2/3°	74	10.0	
		(3 コード)	40/3°	145	8.6	
	＃50	(3 コード)	50/3°	120	7.0	
	＃60	(3 コード)	60/3°	100	5.9	
	＃80	(3 コード)	80/3°	74	4.8	
絹ミシン糸[*9]	＃30		21中×9×3	23	17.9	9 号　ステッチ糸
	＃50		21中×4×3	23	7.9	
	＃100		21中×3×2	23	3.9	3 号
ポリエステル紡績 糸ミシン糸 (スパンミシン系)	＃30	(3コード)	30/3°	200	18.8	厚地用
	＃60	(3コード)	60/3°	100	8.9	普通地用
	＃90	(2コード)	60/2°	100	5.6	薄地用
ポリエステルフィ ラメントミシン糸	＃50	(3コード)	70D×3	78	10.0	
	＃100	(3コード)	30D×3	33	4.3	
ナイロンフィラメ ントミシン糸	＃50	(2コード)	100D×2	110	8.9	ニット用

[*9] 繭 7 個で繰った生糸は約 21D となり, これを 21 中といい, 絹縫い糸の原糸となる.

綿ミシン糸：JIS L 2101　綿縫糸／絹ミシン糸：JIS L 2310　絹縫い糸／ポリエステル紡績糸・フィラメントミシン糸：JIS L 2511　ポリエステル縫糸／ナイロンフィラメントミシン糸：JIS L 2510　ナイロン縫糸

極細より細い極々細, 極太より太い極々太の毛糸もある.

3.4　糸の強伸度特性

　糸は, 使用目的に応じた強さと伸びが必要である. 引張強さが大きい糸を使用した織物や編物は強くなる. 縫い糸は織り糸や編み糸より, ある程度の強さと伸びがあり, しかも均一性と耐熱性が必要である. 糸の性質は見かけのヤング率（初期引張抵抗度）の大小によって異なり, 見かけのヤング率が大きい糸は柔軟性がある. 糸の特性は原料繊維の性質と糸の構成が関係する.

　縫い糸の規格に JIS では糸によって引張強さの最低値（N）が設定されている（表 3.11）. 縫い糸の荷重伸長曲線を図 3.14 に示す. すべてのミシン糸は, JIS 規定の強度より強い値を示した. 太い糸ほど引張強さが大きく, 伸びも大きくなる傾向を示す. とくに綿ミシン糸はその傾向が顕著にみられる. しかし 3 種のミシン糸の中では伸びが小さい. 絹ミシン糸は引張強さが大きくなると急速に伸びが増大している. ポリエステルミシン糸は, フィラメント糸と紡績糸では荷重伸長曲線が異なり, 紡績糸のほうが

表 3.12　手編み毛糸の太さ

呼び名	太さ表示		
極細 (ごくぼそ)	2/18	2/20	2/22
合細 (あいぼそ)	4/20	4/22	4/24
中細 (ちゅうぼそ)	4/16	4/17	4/18
並太 (なみぶと)	3/8	3/9	3/10
	4/8	4/9	4/10
極太 (ごくぶと)	1/1	3/4	3/6
	4/4	4/6	

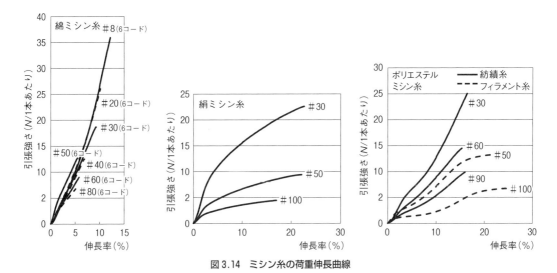

図3.14　ミシン糸の荷重伸長曲線

伸びは小さい．引張強さについては，糸の太さが影響している[*10]．

　可縫性に関する糸の物性は切断時の強さより，初期の引張状態が関係してくる．初期の引張強さの伸びをみると，綿ミシン糸は太さの違いによる差が小さく，伸びは小さく，硬い糸である．絹ミシン糸，ポリエステルミシン糸は，細いほうが伸びは大きくなり，強度の小ささを伸びでカバーしている．

[由利素子]

[*10] **ポリエステルミシン糸の見かけの太さ**
紡績糸
　#30（400 dtex）
　#60（300 dtex）
　#90（200 dtex）
フィラメント糸
　#50（234 dtex）
　#100（99 dtex）

参 考 文 献

日下部信幸 監修（1993）『被服材料学15章』pp.68-73，衣生活研究会
中島利誠 編著（2010）『新稿 被服材料学』pp.64-72，光生館
成瀬信子（2014）『改訂版 基礎被服材料学』pp.66-77，文化出版局
日本衣料管理協会刊行委員会 編（2012）『繊維製品の基礎知識』pp.44-51，日本衣料管理協会

4 布

布とは，シート状の繊維製品で，織物，ニット，不織布などの総称（JIS L 0206）をいう．この章では，図4.1に示す布に加えて，羽毛・わた，そしてボタンやファスナーなどの副資材，さらに布の性質（物理的特性，外観特性，水分特性，快適性，そのほかの特性）を述べる． ［平井郁子］

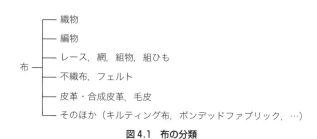

布 {
- 織物
- 編物
- レース，網，組物，組ひも
- 不織布，フェルト
- 皮革・合成皮革，毛皮
- そのほか（キルティング布，ボンデッドファブリック，…）
}

図4.1 布の分類

4.1 織 物

織物とは，たて糸とよこ糸を組み合わせて平面を構成したものとして定義される．通常，たて糸とよこ糸は垂直に交錯する．このような構成をもつ織物は，紙やフィルムと違った特徴的な性質が現れる．衣服の多くは織物で作られている．また，産業資材においても織物は欠かせない素材となっている．

4.1.1 織物の構造

織物の方向や質量は，着心地やシルエットなど衣服に与える影響が大きい．織物を取り扱う際はその点を注意する必要がある．

a. 織物の方向
織物において，たて方向（長さ方向）とは，たて糸の長さ方向，よこ方向（幅方向）とは，よこ糸の長さ方向を指す．
一般に，たての方が引張強度は高く，よこはたてに比べて伸びやすい．45°方向（バイアス方向）はもっともよく伸びる（図4.2）．

b. 織物の表裏
一般的には次のような場合を表と判断する．しかし，表裏はまぎらわしいものもあり，適宜選択すればよい．

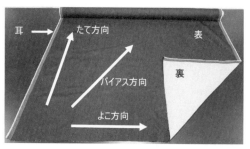

図4.2 織物の方向

ⅰ）なめらかで光沢のある面

ⅱ）織柄がはっきりとしている面

ⅲ）起毛された織物の場合，毛並みがそろっている面

ⅳ）斜文織（4.1.4 項参照）では斜文線が右上がりとなる面

c. 目付と厚さ

単位面積あたりの重さを目付（めつけ）という．1 m² あたりのグラム数（g/m²）で表す．目付と厚さから見かけ比重が求められる．さらに見かけ比重と織物を構成する繊維の密度から含気率[*1]が求められる．保温性にとって重要な項目である．

d. 密度

単位長さに含まれる糸本数を密度という．単位長さとして，2.54 cm や 10 cm を用いることが多い．糸の太さ（番手）と密度によって，織物の面積における糸の占める割合が決まる．これをカバーファクタという．カバーファクタが大きいほど，織物は緻密となり，光や熱が透過しにくくなる．

[*1] **含気率**

目付を A（g/m²），繊維の比重を S，厚さを t（m）とすると，充填率 P（%）は次式により得られる．

$P = (A/t)/S \times 100$

織物の見かけ比重と繊維の密度の比で表される．

（$100 - P$）を含気率という．通常，織物の含気率は 80〜50% 程度であり，編物はこれより大きい．

充填率が大きい（含気率が小さい）ほど，生地がしまっていて風合いが硬い．保温性も低下する．

カバーファクタ

カバーファクタは布の単位面積とそこに占める糸の面積から幾何学計算で求められる．綿番手で示す場合，下記で定義される．

たて糸のカバーファクタ：$F_w = n_1/\sqrt{N_1}$

よこ糸のカバーファクタ：$F_f = n_2/\sqrt{N_2}$

織物全体のカバーファクタ：$F_c = F_w + F_f - 1/28 \times F_w \times F_f$

　　n_1：たて糸密度，N_1：たて糸番手，n_2：よこ糸密度，N_2：よこ糸番手

　　密度の単位：本/2.54 cm，番手：綿番手

織物らしい外観を示すカバーファクタは，たて・よこ，おのおの 7 以上である．カバーファクタの最大値は 28 で，最充填織物という．実用的にはたて 13，よこ 12 程度のカバーファクタの織物が多い．

引　　用

繊維工学刊行委員会 編（1988）『繊維工学（Ⅳ）布の製造・性能及び物性』，日本繊維機械学会

4.1.2 準備工程

織物は織機を用いて作られるが，そのためにはたて糸を織機に仕掛ける必要がある．これを準備工程という．この良し悪しによってその後の生産効率が大きく左右されるため，製織工程において非常に重要である．

a. 繰返し（ワインディング）

紡績，もしくは染色工場から持ち込まれた糸は各工程で扱いやすい管に糸が巻かれている．これらの糸は巻き加減もバラバラで糸の引き出し具合が整っていなかったり，糸が切れやすくなっている箇所（欠点という）があったりする．これらの問題を解消するために糸を別の管に巻き返すことがある．これを繰返し（ワインディング）という．

b. 整経
せいけい

所定本数の糸をシート状に並べてビーム（図4.3左）に巻き取る工程である．織物の種類や巻き取り長さによって，①荒巻整経，②部分整経（図4.3中），③サンプル整経（図4.3右）の方法で行う．数千本のたて糸を同じ張力で巻き取る必要があるため，非常に神経を使う工程である．

ビーム

部分整経機

サンプル整経機

図4.3　整経機

c. ドロッパ*2，そうこう*3（綜絖），おさ*4（筬）通し

ドロッパ，そうこう，おさにたて糸を通す工程である．整経後，これらの工程を経て，たて糸は織機に仕掛けられる．

4.1.3　織　機

図4.4に織機の基本構造を示した．ビームから引き出されたたて糸はドロッパ，そうこう，およびおさを通って織機手前にきている．

織機は4つの基本動作，①開口，②よこ入れ，③おさ打ち，④巻き取りを繰り返しながら製織する．たて糸はそうこうの動作によって上下に分けられ，織前*5とおさの間にひ口（杼口）とよばれる空間ができる．ここによこ糸を挿入し，おさで織前まで打ち込み，巻き取られる．現在の織機はこれらの動作に加えて，糸が切れたときの停止装置や生産効率を上げるためのさまざまな装置が取り付けられている．

織機は開口方法，およびよこ入れ方法によっ

*2 **ドロッパ**
たて糸が切れたときに，織機にそれを伝えるための部品．

*3 **そうこう**（綜絖）
中央の穴にたて糸を通し，たて糸を上下に移動させるための部品．

*4 **おさ**（筬）
たて糸を一定間隔に並べるとともによこ糸を織前に打ち込む部品．

*5 **織前**
たて糸とよこ糸が組織されて織物となる位置．

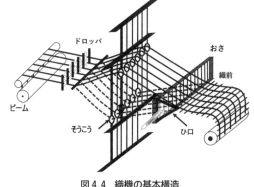

図4.4　織機の基本構造

て分類できる．それぞれ長所短所があり，扱う織物によって使い分けられている．

a. 開口方式による分類

①タペット

カムの組合せで開口動作を行う．平織や斜文織（4.1.4 項参照）などの簡単な組織に適用される．高速運動に適した機構．

②ドビー

24 通り程度までの開口制御ができる．タペット式よりも複雑な組織の織物である小紋のような柄を織ることができる．

③ジャカード[6]（図 4.5）

数百から数千本のたて糸を独立して制御できるため，複雑な紋様を織ることができる．衣料用織物はもちろん，カーテンなどインテリア織物の製造にもよく使われている．

b. よこ入れ方式による分類

①シャットル（図 4.6 左）

シャットルに内蔵されたよこ糸を吐き出しながら，ひ口を往復してよこ入れを行う．速度は遅い．シャットルによこ糸を装着できればよこ入れできる．

②レピア（図 4.6 中）

端からレピアとよばれる掴（つか）み具（ぐ）がよこ糸を掴んで中央まで運び，もう一方のレピアがその糸を受け取り，端まで持っていく作業を繰り返しながら糸を織り込んでいく．シャットルよりも高速でよこ入れができる．さまざまな糸種を安定的によこ入れできる．

③グリッパ（図 4.6 右）

グリッパとよばれる部品が糸を掴んでひ口を飛行して，よこ入れを行う．一方の方向に糸を挿入するので折り返しの耳はできない．糸を運んだグリッパは，織機の下を通り元の位置に戻る．レピアよりも高速化が可能である．

[6] ジャカード織機

ジャカード装置によって独立制御できる本数を口数（くちすう）という．600 口，900 口，1300 口などさまざまな口数がある．口数が大きいほど緻密で大面積の紋様を織ることができる．

図 4.5 は 8000 口のジャカード織機であり，複雑な柄を織ることができる．

図 4.5　ジャカード織機
［トヨタ産業技術記念館提供］

シャットル　　　　　　レピア　　　　　　　グリッパ

図 4.6　よこ入れ部品

④ジェット

水（ウォータージェット）や空気（エアージェット）でよこ糸を飛ばしてよこ入れを行う．もっとも高速でよこ入れができる方式．ウォータージェットはナイロンやポリエステルなどの疎水性繊維にしか使えない．

4.1.4 織物の組織

たて糸とよこ糸の交錯の仕方を組み合わせることでさまざまな織物を設計することができる．この交錯の仕方を組織という（図4.7）．同じ糸使いであっても，組織によって意匠性や風合いなど特徴が大きく変わってくるので，織物にとって重要な要素である．

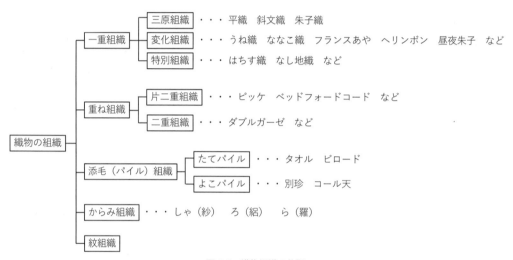

図4.7 織物組織の分類

図4.8に示した織物はたて糸とよこ糸が交互に交錯している．この織物の組織は図4.9のように表す．マス目1つがたて糸とよこ糸との交錯点を表している．たて糸が上の場合は塗りつぶし，よこ糸が上の場合は塗りつぶさない．この規則に従って織物全体のたて糸とよこ糸との関係を記す．図4.8の織物は，図4.9中のグレーの枠で囲んだ部分（たて糸2本×よこ糸2本）が1つの単位となって上下左右に繰り返されていることが分かる．この1単位の組織を完全組織という．

織物の基本となる組織は平織，斜文織，朱子織である．これらを三原組織という．ふだん私たちが利用している織物の多くに使われている．また，三原組織から誘導される変化組織，まったく別から作られる特別組織，そのほかの組織がある．

**図4.8 織物（平織）の
イメージ**

**図4.9 組織図
グレー枠部分が完全組織.**

a. 三原組織

平織は，織物の中でもっとも簡単な組織である（図4.8）．たて糸，よこ

ブロード　　　　　モスリン　　　　　オーガンジー

図 4.10　平織の例

デニム　　　　　ギャバジン　　　　　フラノ

図 4.11　斜文織の例

糸の交錯（組織点という）が多く，しっかりしている．表裏がない．また糸のズレが生じにくいため，薄くて目の粗い生地にも適している．

　綿織物では，かなきん[*7]やブロード[*8]（図 4.10 左），毛織物では，ポーラ[*9]やモスリン[*10]（図 4.10 中），フィラメント織物では，オーガンジー[*11]（図 4.10 右）やタフタ[*12]などがあげられる．

　斜文織（綾織）は，組織点が斜めに走る組織である．少なくともたて糸とよこ糸 3 本以上で構成される．平織よりも組織点が少ないため，光沢があり柔らかい生地となる．生地に斜文線（綾線）とよばれる斜めの線が現れる．平織よりも糸を多く並べることができるため，厚さを出せる．

　綿織物では，デニム[*13]（図 4.11 左）やチノ[*14]，かつらぎ（葛城）[*15]，毛織物では，ギャバジン[*16]（図 4.11 中）やフラノ[*17]（図 4.11 右）などがあげられる．

　もっとも簡単な斜文織は図 4.12 に示す組織で，3 つあや（綾）という．たて糸がよこ糸 2 本の上を通り，ついで 1 本下を通っている．この状態を分数のように表記することが多い．分数の横棒をよこ糸と見立てて，たて糸が上（浮き）を通る本数を分子に，下（沈み）を通る本数を分母に記す．さらに，斜文線の方向をその右側に記す．3 つあや（図 4.12）の場合，「$\frac{2}{1}\nearrow$」となる．さまざまな斜文織の組織図と表記を図

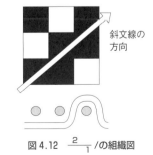

斜文線の方向

図 4.12　$\frac{2}{1}\nearrow$ の組織図

*7 **かなきん**（金巾）
たて糸とよこ糸がほぼ同じ程度の密度で織られた平織物で，ブロードのような畝は現れない．

*8 **ブロード**
たて糸密度をよこ糸密度の 2 倍程度としよこ糸を覆うように織られ，よこに畝が現れる．類似の織物にポプリンがある．

*9 **ポーラ**
強ねん糸使いの織目の粗い織物で，しゃりっとした感触が特徴．

*10 **モスリン**
たて糸とよこ糸に単糸を使用した薄地の平織物．メリンス，メレンス，モスともよばれる．

*11 **オーガンジー**
たて糸とよこ糸に細番手を使用した目の粗い平織物．軽量でコシのある質感が特徴．

*12 **タフタ**
たて糸に無よりか，甘よりのフィラメント糸を使用した緻密な平織物．

*13 **デニム**
たて糸に 20[S] 以下の先染糸，よこ糸に晒し糸を使用した 2/1 もしくは 3/1 のあや織物．

*14 **チノ**
もともとは英米で軍服に使われていた丈夫な素材．パンツをはじめ，さまざまなカジュアルウェアに使用．

*15 **かつらぎ**
10〜20[S] の綿糸，ときにはたて糸に 24/2[S] などの双糸を使う 3/1，3/2 などのあや織物．

*16 **ギャバジン**
斜文線が 45 度よりも急ではっきりと現れる 2/2 や 3/1 のあや織物．

*17 **フラノ**
軽く縮絨起毛した比較的薄地の織物．

$\frac{1}{2}\nearrow$　$\frac{2}{2}\nearrow$　$\frac{3}{2}\nearrow$　$\frac{2\ \ 1}{1\ \ 1}\nearrow$　$\frac{2}{2}\nwarrow$

図 4.13　さまざまな斜文織の組織と表記

4.13 に示す.

　朱子織は，完全組織の中でたて糸とよこ糸が1回だけ交錯し，組織点が連続しない組織である．もっとも簡単な朱子織は，たて糸，よこ糸各5本で構成される5枚朱子（図4.14）である．各たて糸は隣の糸とよこ糸3本離れたところで交錯している．この数を飛び数[18]という．5枚朱子の飛び数は3飛と2飛の2種がある.

飛び数：3　　飛び数：2

図 4.14　5枚朱子の組織図

[18] **飛び数**
5枚朱子の場合，2つの数を加えて5になり，公約数をもたない2と3が飛び数となる．同様に，8枚朱子の場合は，3と5の2種の飛び数がある.

[19] **ドスキン**
柔軟で光沢のある目のつんだ，いわゆるドスキン仕上げをした高級毛織物．おもに礼服用に使われる．非常になめらかな表面が特徴.

　斜文織よりも交錯点が少なく，たて糸，あるいはよこ糸が織物の表面に長く浮くので，光沢に富み柔らかいのが特徴である．斜文織のように斜文線は現れず，表面は平滑である．たて糸が表面に多く現れるものをたて朱子，よこ糸が多く現れるものをよこ朱子という．三原組織の中でもっとも厚さを出せるが，摩擦には弱い．毛織物のドスキン[19]は5枚朱子の織物である．サテン（図4.15）はドレスなどに多く使われている.

図 4.15　サテン

b. 変化組織

　平織の組織点を上下，もしくは左右に拡張して表面に畝を現した組織をうね織という．図4.16のように上下左右に組織点を拡大した組織をななこ織（斜子織，七子織）という．ななこ織で代表的なオックスフォード（図4.17）は，腰があって，上質の光沢とふっくらした風合いの織物でシャツ地として人気がある.

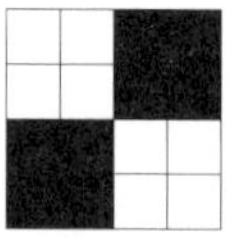

　フランスあや（図4.18）は，2本以上の斜文線を組み合わせてはっきりとした斜文線を現したものである．斜文線の角度がかなり急であることも特徴の1つである．コート地，ブラウスやワンピースなどに使われている.

図 4.16　ななこ織の組織図

図 4.17　オックスフォード

図 4.18　フランスあや

図 4.19　ヘリンボン

斜文線の方向を一定間隔で切り替えた変化あや織がヘリンボン（図4.19）である．ヘリンボンとはにしんの骨を意味する．わが国ではすぎあや（杉綾）ともよばれている．変化あや織物の定番の1つで，スーツやコートなど広く使われている．

朱子織から誘導される組織として，組織点を不規則に配置した変則朱子や重ね朱子がある．また，たて朱子とよこ朱子を交互に配置した昼夜朱子（図4.20）はたて朱子とよこ朱子の光沢差によって市松模様が浮き出るところが特徴である．

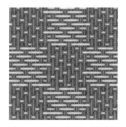

図4.20　昼夜朱子の模式図

c. 特別組織

数多くの組織が存在するが，ここではその一部について紹介する．

はち巣織（蜂巣織）は，格子状，もしくは菱形にたて糸とよこ糸が浮いた組織（図4.21）である．織物の表面が蜂の巣のような凹凸になる．厚さが出ることやさらっとした肌触りが特徴で，夏向けの服地やシーツなどに使われている．

なし地織（梨地織）は，表面の細かいしぼが特徴で，高級感のある落ち着いた質感の組織（図4.22左）である．この質感を生かしてフォーマルスーツやドレスに使用されている．なし地織の1つにアムンゼン[20]（図4.22右）がある．

[20] アムンゼンはもともと和服用の梳毛織物として愛知県の尾張地方で織られたものである．開発された当時，南極に初めて足跡を残したノルウェーの探検家アムンゼンが名の由来である．

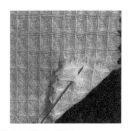

図4.21　はち巣織の組織図と外観

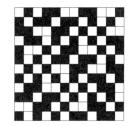

図4.22　なし地織の組織図とアムンゼン

d. 重ね組織

たて糸，もしくはよこ糸を2種以上（片二重織），たて糸とよこ糸ともに2種以上（二重織）を使って，多層に織り上げる組織である．厚さを出した

◉ ● たて糸
― ― よこ糸

図4.23　風通織（左：断面図）

り，表裏で色を変えたりして両面で使える生地にできる．風通織（図
4.23）やダブルガーゼは二重織の例である．片二重の例として，よこ方向
に畝のあるピッケ（ピケ），たて方向に畝のあるベッドフォードコードがあ
げられる．表面の凹凸によりふっくらとした感触が特徴である．

e. 添毛組織

織物のたて糸，もしくはよこ糸をパイル（わな）にした織物である．た
て糸で作ったパイルをそのままにしたタオル，パイルをカットして織物表
面を覆ったビロード（図4.24左）はたてパイル織物に分類される．

　一方，よこ糸でパイルを作りカットして織物全面に毛羽を出す別珍（図
4.24中，および図4.25），織物の長さ方向に畝状のパイルを作るコール天
（図4.24右）は，よこパイル織物に分類される．ビロードや別珍，コール
天は高級感のある光沢や暖かみのある質感が特徴で，秋冬向けの生地に使
用されている．

ビロード　　　　　　　別珍　　　　　　　コール天

図4.24　パイル織物

この位置でよこ糸をカットする

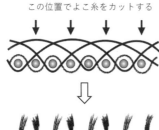

● たて糸
━ 毛 よこ糸
━ 地 よこ糸

図4.25　別珍の断面の模式図

*21 からみ織は，しゃ
（紗），ろ（絽），ら（羅）
の3つに大別される．
しゃ（図4.26）はよこ
糸1本ごとにたて糸が
絡み，ろはよこ糸3本
以上ごとにたて糸が絡
む組織である．
らはからむたて糸が組
合せを変えながら組織
される複雑なもので，
手織機でないと織るこ
とができない．

f. からみ組織

　通常のたて糸は，上下に平行に並んだ状態でよこ糸と組織されるが，
からみ織*21の場合は，たて糸がよこ糸に絡んだ状態で織られる．その
ため，密度が小さくても糸がずれにくい織物になる．涼しげな質感が特
徴で夏向けの生地として使用される．図4.26にしゃの外観を示す．

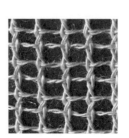

図4.26　しゃ（紗）

g. 紋組織

さまざまな組織を組み合わせて，紋様を織り出す組織をいう．完全組織が大きいため，ジャカード織機により織られる（図4.27）．衣料用はもちろん，カーテンなどのインテリア織物によく使われている．

図 4.27　紋織

4.2　編　　物

編物[22]は糸をループ状にしてつないだ布地をいう．織物のようにたて糸とよこ糸の交錯ではなく，糸が形成するループが基本単位となる．編物はループによって構成されているため，織物に比べて伸縮性が大きい．

近年は身体へのフィット感やストレッチ性が好まれることもあり，肌着やセーターのみならず，ジャケットなど使われるアイテムも広がっている．また，スポーツ用途においても欠かせない素材である．

4.2.1　編物の分類

よこ編[23]は原理的に1本の糸で編成することができる．糸がよこ方向にループを連続的に形成していく．糸がらせん状に編成していく丸編，糸がよこ方向に往復しながら編成する横編に分類される．

たて編は織物と同様にたて糸を準備して，たて方向にループを連続的に形成していく．よこ編より伸縮性は小さい．整経が必要で，少量生産には向かない．

[22] **編物，ニット，メリヤス，ジャージー**
いずれも厳密な区別はない．慣用的に，メリヤス（莫大小）は肌着下着用の，ニットはTシャツに代表される中外衣類用の，ジャージーはカットソー（4.2.2項a）による外衣用の編地を指すことが多い．

[23] よこ編と横編は意味が異なるので注意．

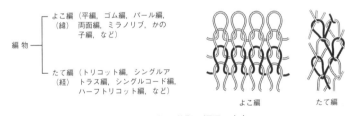

図 4.28　編物の分類と編目の方向

（図の内容）
編物 ─┬─ よこ編（緯）（平編，ゴム編，パール編，両面編，ミラノリブ，かの子編，など）
　　　└─ たて編（経）（トリコット編，シングルアトラス編，シングルコード編，ハーフトリコット編，など）
よこ編　　たて編

4.2.2　編　地

編機によって，平面状，もしくは筒状の編地が作られる．織物と同様に一定の幅で編地を生産することはもちろん可能だが，横編機の場合，編目の数を増減させながら編成することもできる（図4.29）．

a. 流し編地

一定の編み方，幅の生地をいう．たて編地や丸編地はこれに該当する．横編機でも生産は可能だが，生産量は少ない．丸編地は筒状のため，切り開いて平面状の生地とする．流し編地は織物と同様に裁断，縫製して二次

製品に仕上げる．カットソー（cut and sewn）製品はこれに該当する．

b. ガーメントレングス編地

裾と身頃で編み組織を変えるなどして，1着分ずつ身丈を区切って編成された丸編地をいう．この半製品編地に袖付けや首回りの処理を施して二次製品に仕上げる．

c. 成形編地

編幅を増減させながら身頃や袖などパーツを編成した横編地をいう．これらのパーツをかがり合わせて二次製品に仕上げる．フルファッション編地はこれに該当する．生産性はほかに劣るものの裁断ロスがないことが長所としてあげられる．

ホールガーメント®[24] とよばれる，パーツのかがり合わせが不要な編地を編成できるシステムも開発されている．縫い代のない二次製品を生産できる．

名　称	編機	説　明	
流し編地 （カットアンドソー編地）	丸編機 横編機	一定の編み方で編成	カット
ガーメントレングス編地	丸編機	一人分づつの身丈を区切って編成	
成形編地 （フルファッション編地）	横編機	編み幅を増減しながらパーツを編成	
無縫製編地 （ホールガーメント）	横編機	製品そのものを編成	

図 4.29　編地の種類

[24] ホールガーメント®は株式会社島精機製作所の登録商標である．筒状にリブ編も編成できる構造になっているため，縫い目のないニット製品を生産できる．衣服のみならず，ニット小物やインテリアなど多様な用途展開が進んでいる．

4.2.3　編物の構造

a. よこ編における編目

編目が前の編目の上部弧の上になる場合を表目といい，下になる場合を裏目という（図4.30）．よこ編は表目と裏目が編目の基本となる．編地は，編目の種類を示す編目記号，もしくは編針の動きを示す編成記号によって表す．

編目において，引き出されたループ（山の部分）をニードルループ，ニ

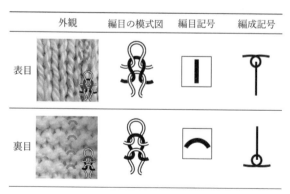

	外観	編目の模式図	編目記号	編成記号
表目				
裏目				

図 4.30　表目と裏目

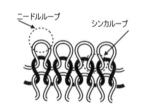

図 4.31　ニードルループとシンカループ

ードルループ同士をつなぐルー
プ（谷の部分）をシンカルー
プという（図4.31）.

べら針（4.2.4項参照）に
よる編成を図4.32に示す.
針の動きによって，ニット，
タック，ミスの編目が形成さ
れる．表目と裏目，さらにニ
ット，タック，ミスの編目に
より，さまざまな組織が作ら
れる.

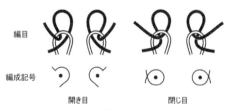

	編目	針と糸の位置関係		編目記号	編成記号
ニット			表目		
			裏目		
タック			表目		
			裏目		
ミス（ウェルト）			表目		
			裏目		

図4.32　ニット，タック，ミスの編目

b. たて編における編目

編目の基部が開いている開
き目と閉じている閉じ目（図4.33）がある．たて
編はこれらが基本となる.

c. ウェールとコース

たて編，よこ編いずれにおいても編目のたての
列をウェール，よこの列をコースとよぶ．図4.34
では，4ウェール×3コースである.

d. 密度

編地の密度は編目の数によって定義される．2.54 cm あたり
のウェール，およびコースの数をそれぞれウェール数，コース
数という．また，1.27 cm あたりのウェール数とコース数の和
を度目（どもく）という.

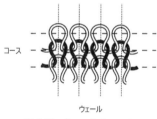

図4.33　開き目と閉じ目

図4.34　ウェールとコース

4.2.4　編物の製造

a. 編針

編機における編目の形成は編針によって行う．糸が編針に供給されて，
すでにある編目に糸を通し，新しい編目が作られる．図4.35に示すよう
に編針は，べら針，ひげ針，両頭針がある．多くの編機はべら針が採用さ
れている.

べら針は糸の供給，および針の動きによって編成できる．一方，ひげ針
はプレッサとよばれる補助装置が必要となる．両頭針は両側に針のある構
造となっており，リンクス編機に使用されている．そのほか，スライダに
よりフックの開閉を行う複合針もある.

名称	べら針	ひげ針	両頭針
模式図			
使用される編機	丸編機 横編機 ラッシェル編機 靴下編機 家庭用編機	トリコット編機 フルファッション編機 吊機	リンクス編機
特徴	もっとも広く使われている ほかの針に比べて大きな動作が必要	プレッサという補助装置が必要 編目を作る動作が複雑	べら針が上下双方にある

図 4.35　編針の種類と特徴

　編機において 2.54 cm に植えられた編針の本数をゲージ（G）という．
ゲージが大きいほど編目が小さくなる．ゲージの小さいもの（5 G や 7 G
など）をローゲージ，大きいもの（20 G や 36 G，40 G など）をファインゲー
ジ，もしくはハイゲージとよぶ．ゲージによって編機に適正な糸の太さ
が決まってくる．

b. 針床

　編針が規則的に並べられた部分
を針床という．針床は 1 列，もし
くは 2 列が存在し，おのおのの編
機で編成された編物をシングルニ
ット，ダブルニットという．よこ
編では 1 列，2 列いずれもよく使
われている．たて編では 1 列針床
の編機がほとんどである．

　よこ編において，平編（4.2.5
項参照）の場合は，1 列針床で編
成可能である．ゴム編（4.2.5 項
参照）の場合は前後の 2 つの針床
の間で針が半ピッチずれて交互に
配置されている．このような配置
をゴム編出会いという．これに対

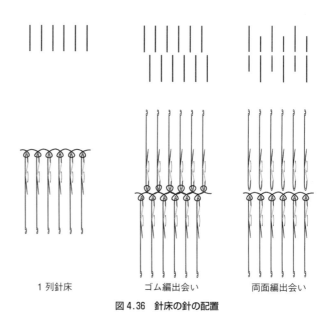

1 列針床　　　ゴム編出会い　　　両面編出会い

図 4.36　針床の針の配置

し, 両面編 (4.2.5 項参照) の場合は長針と短針が交互に向かい合って配置される. 2 つの針床の間で長針と短針が同時に動くことはない. このような配置を両面編出会い (スムース編出会い) という.

c. よこ編機

丸編機 (図 4.37) は円筒状の釜 (シリンダ) を有しており, ここに編針が配置される. 機台の上部に仕掛けられた数十本の糸が一斉に釜へ供給される. 針床の編針はカムの動きによって上下運動しながら糸を給糸してらせん状に編成していく. 編地は編機の下で巻き取られる.

横編機は糸を運ぶキャリッジが針床を往復運動しながら編成を行う. 流し編地のほか, 成形編地 (2 列針床), フルファッション編地 (1 列針床) を生産することができる.

図 4.37 丸編機

d. たて編機

たて編機は, おさに並べられたガイド (導糸針) を通ったたて糸を振って編針にかけて (この動作をラッピングという) 編成する. その原理を図 4.38 に示す. たて編はおさの枚数とラッピングの仕方によって組織が決まる.

トリコット編機, ラッシェル編機, ミラニーズ編機, そのほかに大別される. 現在流通しているたて編地は, トリコット編機, ラッシェル編機によるものがほとんどである.

たて糸の巻かれたビームが編機の上に設置され, 編成部に供給される. 糸はガイドを通り, おさの動きによって編成されて, 編機の下へ巻き取られる.

トリコット編機は 2 枚おさが主流である. 編針はひげ針が使用される. おさの振り幅は小さいがハイゲージの編地が編成できる.

ラッシェル編機は数十枚の多数のおさを使用するものもある. 編針はべら針が使用される. ゲージは粗いが, おさを大きく振ることができるため, 多様な柄を編むことができる.

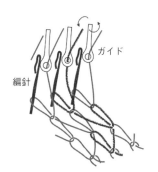

図 4.38 たて編の編成原理

4.2.5 組 織

a. よこ編

基本となる三原組織は, 平編 (天竺, シングル), ゴム編 (リブ, フライス), パール編 (リンクス, ガーター) である. これらの編目記号, および編成記号を図 4.39 に示す.

平編は, 表目のみで編成された組織で, もっともよく使われる組織である. 1 列針床の編機で編成される. たてよりもよこ方向に伸びやすく, 薄

い生地になる．一方で，ランしやすい，
まくれやすい欠点がある．

　ゴム編は，ウェールごとに表目，裏目
が交互に現れる組織である．平編よりも
よこ方向に伸びやすい．リブとよばれる
とおり，あばら骨のような外観となる．
袖口や裾など伸縮性が必要なところによ
く使われる．平編のようにまくれること
がなく，厚い生地となる．

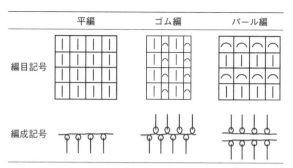

図4.39　よこ編の基本組織

　パール編は，コースごとに表目と裏目が現れる組織である．両面ともに
シンカループが目立つため，両面とも裏目のような外観となる．厚い生地
となり，基本組織の中でもっともウェール方向の伸びが大きい．

　そのほかの組織として，平編を変形させたかの子編，ゴム編を変形させ
たインターロック編（両面編），ミラノリブ，ポンチ・ロマなどがあげられ
る．

　かの子編（図4.40左）は，平編
のコースごとにニットとタックが
交互になるように編成された組織
である．かの子模様の生地で，さ
らっとした質感となり，夏用衣料
によく採用されている．

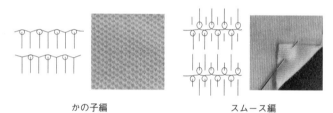

かの子編　　　　　　　スムース編

図4.40　よこ編の変化組織

　インターロック編は丸編両面編
機で編まれる．ゴム編を上下に重ねた組織で，表裏とも同じ外観である．
表面がなめらかなため，スムース編（図4.40右）ともよばれる．適度な伸
縮性と厚みが特徴のスムース生地は幅広く使われている．

b. たて編

　たて編の基本となる組織は，シングルトリコット編（シングルデンビー
編），シングルコード編，シングル
アトラス編（シングルバンダイク
編）である．これらの編目と編成
記号を図4.41に示す．1枚おさ
で作られる基本組織は安定性が悪
く，実用性に乏しい．通常使われ
ているたて編地は，2枚以上のお
さを使った変化組織である．

　シングルトリコット編は，たて
糸を隣接する針に交互にラッピン

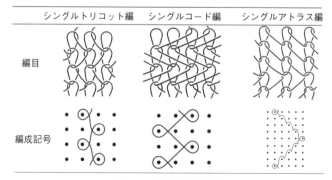

図4.41　たて編の基本組織

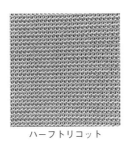
ハーフトリコット

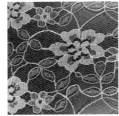
ラッシェルレース

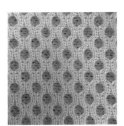
ダブルラッシェル

図4.42 たて編の変化組織

グさせて組織されたものである．シングルコード編は，1針飛ばした次の針にラッピングさせて組織されたものである．シングルアトラス編は隣接する針に数回ラッピングさせた後，逆方向に同様にラッピングした組織である．

2枚おさで作られるハーフトリコット（図4.42左）は，たて編の中でもっとも多く生産されている生地である．1枚目のおさ（前おさ，フロントガイドバー）でシングルコード編，2枚目のおさ（後おさ，バックガイドバー）でシングルトリコット編を編成した組織である．ハーフ生地，シャムルーズともいわれる．スポーツウェアやアウター，ランジェリーなど広く使われている．編地の伸縮性は比較的大きい．

ラッシェル編は目が粗く，変化に富んだ柄（図4.42中）が得意である．厚地の用途よりもメッシュやチュール，ネットなど目の粗い生地が多い．2列針床の編機で編まれるダブルラッシェル（図4.42右）は，スポーツシューズのアッパー素材などスポーツアイテム向けにも多く使われている．

［島上祐樹］

参 考 文 献

一見輝彦（2016）『わかりやすいアパレル素材の知識 第3版』，ファッション教育社
島崎恒藏 編著（2016）『新訂3版 繊維製品の基礎知識 第1部 繊維に関する一般知識』，日本衣料管理協会
繊維工学刊行委員会 編（1988）『繊維工学（Ⅳ）布の製造・性能および物性』，日本繊維機械学会
日本規格協会 編（2016）『JISハンドブック』，31 繊維，日本規格協会

4.3 レース，網，組物・組ひも

a. レース

本来は糸を絡ませて紋様を表して布にしたものであるが，現在では透かし模様のある布の総称をレースという．レースは機械レースと手工芸レースに大別される．機械レースには図4.43に示すように，刺しゅうレース，編みレース，ボビンレースがある．

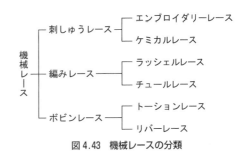

図4.43 機械レースの分類

図4.44　エンブロイダリーレース

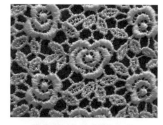
図4.45　ケミカルレース

図4.46　ラッシェルレース

図4.47　チュールレース

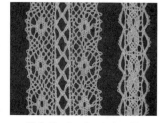
図4.48　トーションレース

図4.49　リバーレース

　刺しゅうレースのエンブロイダリーレース（図4.44）は織物に刺しゅうして，穴をあけて透かし模様を施したレースである．ケミカルレース（図4.45）は基布に水溶性ビニロン*25を用い刺しゅうを施した後，基布を溶かして刺しゅうの部分だけを残したレースである．

*25 2.2.2項d⑤参照.

　編みレースの代表はラッシェルレースとチュールレースがある．ラッシェルレース（図4.46）はラッシェル編機で作られる．高価で作るのに時間がかかるリバーレースに代わるものとして作られた．最近は技術開発が進み，リバーレースに近い精巧な柄を出せるようになり，ラッシェル・リバーともよばれている．チュールレース（図4.47）はチュールにエンブロイダリーレース機で刺しゅうしたものが多い．

　ボビンレースは手工芸のボビンレースや組ひもの技術を応用して機械化されたレースである．トーションレース（図4.48）はボビンを交差させて組んでいくもので，細幅で広いものでも20 cmぐらいまでしか作れないため，衣服やテーブルクロスにするときには縫い合わせて幅を出す．リバーレース（図4.49）はリバーレース機でたて糸にほかの糸を絡ませて模様を作る．非常に繊細な高級レースである．

b. 網

　衣服素材の網としてはラッシェル編機で編まれるチュールがその代表である．チュール（図4.50）は薄い網状の編地で，6角形の編目が特徴である．ウエディング・ベールやパーティードレス，バレエの衣裳などに使われる．

　産業用としては漁網がある．

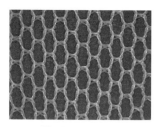
図4.50　チュール

c. 組物・組ひも

組ひもは3本あるいは3束以上の糸を斜めに交差させて組まれたテキスタイルで, 丸組, 角組, 平組の3つを基本組織とし, 多様で複雑な形状と模様がある. 組ひもは長い時を経て実用性に加えて高い審美性をともないながら発展してきた. 組ひもというと, 帯締めが頭に浮かぶかもしれないが, 靴ひも, 巾着袋のひも, ブラインド用のひも, 本に付いているひものしおり, 産業用としては耐圧ホースの補強, スポーツ用品としてはパラシュート用ひも, 登山用ザイル, ヨット用セールロープなどがある. そのほか, 船のアンカーロープ, 網用ロープ, 保護・シールド用被覆材料など, 私たちの身の回りにはたくさんの組物・組ひもが存在している.

組物・組ひもは織物と同様に糸を互いに交錯させて作られるが, 図4.51, 4.52から分かるように, 糸が布の長さ方向に対して斜めの方向を向く. テープ状の平打ち組物と円筒状の丸打ち組物がある. 帯締めのような細長いものを組ひも, 平らで幅の広いものを組物とよぶことが多い.

糸が長さ方向に対して斜めに交錯しているため, 最初からバイアス構造となっており, 長さ方向に変形しやすく, 回復性が良い. また, 糸(繊維束)が切断されることなく連続しているため, 引張強度が向上する. 組ひもはこのような構造に由来する優れた力学的特性をもつことから, 近年, 繊維強化複合材料(FRP)として数多く利用されている. ゴルフクラブのシャフト, ラケットフレーム, 釣り竿などのほか, トヨタ自動車のレクサスのAピラーやボーイング社のジェットエンジンのファン部分などにも使用されている.　　　　　　　　　　　　　　　　　　　[松梨久仁子]

図 4.51　平打ち組紐

図 4.52　丸打ち組紐

参 考 文 献

小川龍夫 (2013) 『新版ファッション／アパレル辞典』, 繊研新聞社
閏間正雄 監修 (2014) 『服地の基本がわかるテキスタイル事典』, ナツメ社
文化服装学院 編 (2010) 『アパレル素材論』, 文化出版局

4.4　不織布, フェルト

a. 不織布

不織布[*26]とは文字どおり織らない布である. 糸の工程を経ずに, 繊維をシート状に積層してから, 繊維同士を絡ませる, または接着して布状に仕上げたものである. 短繊維同士を交絡または接着により結合してウェブ(web)[*27]を形成する方法と, 紡糸した長繊維から直接ウェブを形成する方法があり, ウェブの形成方法と繊維間結合の方法が, 不織布の種類, 構造, 特性を決定する.

①不織布の分類と製法

不織布の製造は, 繊維をシート状に積層するウェブの形成と, 繊維間の

[*26] 不織布は JIS では「繊維シート, ウェブ(web) 又はバットで, 繊維が一方向又はランダムに配向しており, 交絡及び／又は融着, 及び／又は接着によって繊維間が結合されたもの. ただし, 紙, 織物, 編物, タフト及び縮絨フェルトを除く」と定義されている.

[*27] 繊維を積層してシート状にしたもの.

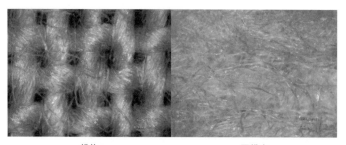

織物　　　　　　　　　　　不織布

図 4.53　織物と不織布の比較

接着または交絡による結合からなる．現在では技術が多様化し，ウェブ形成方式と繊維間結合方法の組合せもさまざまである．

**　ウェブ形成方式による不織布の分類**

　ⅰ）**乾式不織布**　数 cm 長の短繊維（ステープル）を，カード機を用いて1 本 1 本にほぐし，シート状に集積しウェブを形成する（図 4.54(1)）．

　ⅱ）**乾式パルプ不織布（エアレイド）**　パルプや数 mm 長の短繊維を，エアで吹き飛ばして空気中で分散させ，シート状に集積しウェブを形成する．

　ⅲ）**湿式不織布**　数 mm 長の短繊維を水中に分散し，抄紙方式でネット上に抄き上げる（図 4.54(2)）．

　ⅳ）**紡糸直結型**

　スパンボンド不織布　原料チップを加熱・溶融してノズルから押し出し，紡糸，延伸して長繊維（フィラメント）を作製し，これをネット上で集積してウェブを形成する（図 4.54(3)）．

　メルトブローン不織布　原料チップを加熱・溶融して，ノズルから熱風を吹き付けながら押し出した微細繊維を，ネット上に集積してウェブを形成する．

　ウェブの結合方法

　ウェブを構成する繊維間を結合する方法である．結合方法を不織布の製法名として用いることも多い．技術の多様化にともない，さまざまな結合方法が開発されているが，以下に代表的な繊維間結合方法をあげる（表 4.1）．

　ⅰ）**ケミカルボンド法**　合成樹脂などの化学的接着剤で，繊維同士を接着する．レジンボンドともいう．

(1) 乾式法

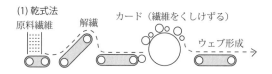

(2) 湿式法

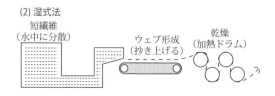

(3) スパンボンド法

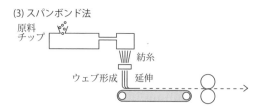

図 4.54　不織布のウェブのおもな形成方式
[出典：日本不織布協会 HP]

　ii）**サーマルボンド法**　加熱によって繊維の一部を溶融させて接着する．繊維全体が熱溶融するバインダー繊維を一部混ぜる方法や，芯鞘型などで繊維の一部が熱溶融し接着する方法がある．

　iii）**ニードルパンチ法**　ウェブに多数の針（ニードル）を突き刺して，繊維同士を機械的に絡合させる．

　iv）**水流交絡法**　ウェブに高圧の水流をノズルから噴射し，繊維同士を絡ませて結合する．ウォータージェット法ともいう．

　v）**ステッチボンド法**　ウェブを糸で縫い合わせて布を形成する．

　②**不織布の性質と用途**

　不織布の原料には，コットン，レーヨン，ポリプロピレン，ポリエチレンなど，天然繊維，化学繊維を問わずさまざまな繊維が

表4.1　ウェブ形成方式と繊維間結合方法の組合せ

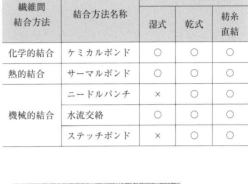

繊維間結合方法	結合方法名称	ウェブ形成方式		
		湿式	乾式	紡糸直結
化学的結合	ケミカルボンド	○	○	○
熱的結合	サーマルボンド	○	○	○
機械的結合	ニードルパンチ	×	○	○
	水流交絡	○	○	○
	ステッチボンド	×	○	○

図4.55　スパンボンド不織布の表面写真
（ポリプロピレン繊維，サーマルボンド法）

図4.56　スパンボンド不織布の表面写真
（キュプラ繊維，繊維間自己接着，ウォータージェットによりパターン形成）

図4.57　湿式不織布の表面写真
（レーヨン繊維と木材繊維の混抄，水流交絡（ウォータージェット）法）

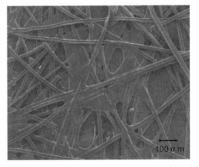

図4.58　湿式不織布の拡大写真（電子顕微鏡写真）
（ポリビニルアルコール繊維，サーマルボンド法）

使用される．不織布の性質は，原料や製法によるところが大きいため，一概にはいえないが，一般的には軽くかさ高で，ポーラス（多孔質）な構造をしていることが多い．これらは，保温性，通気性，透湿性と密接に関連する．織物や編物とは力学的特性が異なり，繊維間が結合していることから，不織布は変形回復性が小さい．伸び率は小さく，しわ回復性も低い．用途としては，芯地や複合布の基布，マスク，紙おむつ，ナプキン，防護服，バッグなどに利用され，生産量は増加している．

b. フェルト

フェルトは，羊毛や獣毛繊維の縮絨性を利用して作られた布であり，圧縮フェルトと織フェルトがある．

①圧縮フェルト

圧縮フェルトとは，繊維をシート状に重ねて，熱とアルカリを加えて圧縮しながらもむことにより，毛繊維のスケールによる縮絨性で，繊維を固く絡み合わせて布状にする．帽子の形に集積して縮絨させた帽体フェルトもある．圧縮フェルトは，弾力性はあるが，引張に対する抵抗力が弱く，帽子，装飾品，スリッパなどに使用される．

②織フェルト

紡毛織物を起毛して繊維を絡みやすくした後に，熱とアルカリを加えて，布の織り目がみえなくなるまで，強くもみ縮絨させたものが織フェルトである．この操作はミリングとよばれる．表面は圧縮フェルトとよく似ているが，断面には織物の糸がみえる．織フェルトは圧縮フェルトよりも引張や摩擦に強く，コンベアベルトなどの工業用途や硬式テニスボールなどに使用されている．　　　　　　　　　　　　　　　　　　　　　　　　［濱田仁美］

参考文献

安藤文子 他著（2003）『改訂 生活材料学 ファッションとインテリア』pp.81-83, アイ・ケイ・コーポレーション
向山泰司 編著（2012）『不織布活用のための基礎知識』pp.1-2, 13-44, 日刊工業新聞社
島崎恒藏 編著（2009）『衣服材料の科学 第3版』pp.81-84, 建帛社
中島利誠 編著（2010）『新稿 被服材料学─概説と実験─』pp.89-91, 光生館
日本不織布協会 HP, 製造工程の種類, https://www.anna.gr.jp/manufacturing.php
林　雅子 監修（2003）『被服材料学 改訂版』pp.91-93, 実教出版
日向　明 監修（2009）『機能性不織布－原料開発から産業利用まで－』pp.4-5, 19-24, シーエムシー出版

4.5 皮革・合成皮革, 毛皮

4.5.1 皮革・合成皮革

　皮革は，天然に存在する生き物に由来するものと合成によるものに分けることができ，広く用いられている．本来，皮革は動物の皮膚を生のまま，もしくはなめしてあるものを指すが，ここでは合成によるものも含めて図4.59に示した．一般的に合成素材の区別は難しく，2017年4月1日からの家庭用品質表示法の雑貨工業品品質表示規程改正以降，人工皮革，合成皮革，塩ビレザーのすべてを合成皮革と表示できることになり，このうち特殊不織布の使用が明確なものは人工皮革と表示してもよいことになった．またファッション素材やインテリア素材に使用される皮革代替材料の耐久性は，主としてこれらに使用されるポリウレタン樹脂の組成に支配される．ポリウレタン樹脂は，短期間使用が前提の低価格大量消費材料から，5〜10年間使用できる衣料用，家具・車両用材料まで自在に作り出すことが可能である．ポリウレタン樹脂の劣化は，その多くが加水分解に起因し，光，熱，これらを複合したものなどもあるが，用途別の必要性能を考慮すればトラブルを防ぐことができる．最近では，水系樹脂を中心に有機溶剤を減じた環境対応型人工・合成皮革や，無溶剤型樹脂を使用したものも上市されている．以下にこれらを解説し，図4.60に写真を示した．

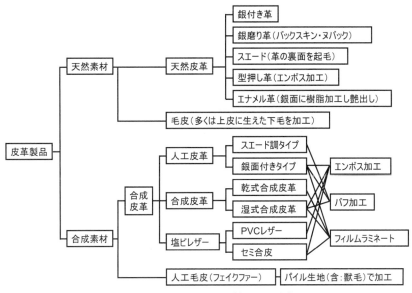

図 4.59 皮革製品の素材と製法による分類

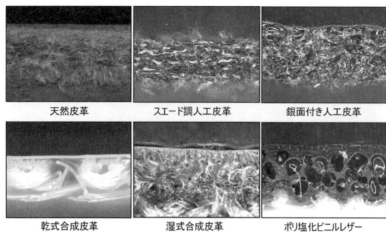

天然皮革　　　　　　　　スエード調人工皮革　　　　　　銀面付き人工皮革

乾式合成皮革　　　　　　　湿式合成皮革　　　　　　　ポリ塩化ビニルレザー

図4.60　皮革の断面写真

a. 天然皮革

　動物の皮は，表面から上皮層（表皮層），銀面層（乳頭層），網様層，肉面層（皮下層）の順で構成される．この中で皮革とするのは，真皮層とよばれる銀面層から網様層で，腐敗を防止し風合いも柔らかくして革とする工程を製革工程という．前工程では，皮についているタンパク質や脂肪などを取り除く．次のなめし加工では，コラーゲン自体を変性し加脂加工により風合いを調整する．代表的なものに，タンニン，クロム，これらを複合したコンビネーションなめしなどがある．その後は染色，加脂，表面仕上げ工程を行い製品化される．

b. 人工皮革

　人工皮革は，表面・断面構造のすべてを天然皮革に準じ，合成で製造するという考え方が基本である．天然のコラーゲン繊維に代わり，合成された極細繊維を三次元に絡ませた不織布にポリウレタン樹脂などを加工した特殊不織布を使用する．スエード調人工皮革は，この表面を起毛加工したものである．また，銀面を有した人工皮革の多くは，この基材にポリウレタン樹脂などの皮膜を連続あるいは不連続に積層あるいは貼り合わせることで表現したものである．

c. 合成皮革

　合成皮革はフェイクレザーともよばれ，製造方法から乾式と湿式合成皮革に分けられる．繊維基材は織編布が多く，一部に不織布をそのまま使用したものもある．一般的な合成皮革の製造では，まずポリウレタン樹脂などの溶液を，皮しぼや艶消し模様を施した離型紙上に流延し乾燥することで，皮革の表面となる銀面フィルムを作る．次いでポリウレタン系接着剤

を使い，乾式合成皮革では繊維基材，湿式合成皮革ではあらかじめポリウレタン樹脂で多孔質層を形成した繊維基材と貼り合わせる．合成皮革の多くは，通気・透湿性がほとんどない．

d. ポリ塩化ビニル（PVC）レザー

PVC レザーは，繊維基材に織編布が使用される．PVC レザーは，PVC 樹脂と可塑剤とよばれる油状液体を混練りしたものをおもな材料として使用したもので，合成皮革，人工皮革とはまったく別物である．とくに衣料用途では，ドライクリーニング時の洗浄溶剤に可塑剤が溶出し硬化するトラブルを引き起こすため，ほかの皮革と混同することのないように注意が必要で，合成皮革（PVC レザー）との表示が多くみられる．また PVC レザーでは，内部に発泡層を含むことが多く，表皮部分は，可塑剤の移行を防止する目的で，ポリウレタン系樹脂やアクリル PVC 系樹脂で表面処理し被覆されているものが多い．

4.5.2 毛 皮

天然の毛皮は，動物の皮に毛を残したままでなめし加工を行い，上皮層と銀面層で革としたものであり，高級なものにはミンク，セーブル（クロテン）などがあり，兎，キツネ，羊も使用される．また，人工毛皮（フェイクファー）は，ポリエステルや獣毛繊維などで作られたパイル織物を加工し作られる．
[榎本雅穂]

4.6 羽毛, わた

a. 羽毛

高級防寒衣料・寝具の充填材料として，羽毛は古くから用いられてきた．鳥は大別すると水鳥と陸鳥に区分され，ガチョウ（グース）やアヒル（ダック）などの水鳥の羽毛が利用されている（図4.61）．水鳥からはフェザー（図4.62）とダウン（図4.63）の2種類の羽毛が得られる．採取（プラ

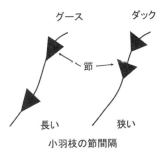

図4.61 グース羽毛とダック羽毛の特徴

図4.62 フェザー外観

図4.63 ダウン外観

ッキング）された原羽毛は多くの脂肪分や砂，塵埃が付着している場合が多く，洗剤で洗浄され，高温乾燥（殺虫・殺菌処理）後，冷却除塵されて精製羽毛となる．フェザーとダウンの選別は風力を利用し，かさ高いダウンはフェザーに比べてより遠くに飛ばされることを利用する．

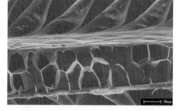

図4.64　ダウンファイバー断面

　羽毛を構成するβ-ケラチンのアミノ酸組成は部位によって若干異なるため物性も多少異なるが，衣料素材の観点から平均的にみると，公定水分率は13.0%，比重は1.30～1.34（グースダウン），1.20～1.30（グースフェザー）である（ただし，比重測定は浮沈法，羽毛β-ケラチン結晶密度は$1.27 \, \mathrm{g/cm^3}$）．羽毛を構成するβ-ケラチンの分子量は約10,000で羊毛のα-ケラチンの52,000に比べて著しく小さいが，分子が集合してフィブリル（繊維素）を形成するため，引張強度は200 MPa程度あり，破断伸びも少なくとも7%程度あるため，充填材料としての利用に力学特性的な問題はない．フェザーの羽枝の破断面やダウンファイバーの断面（図4.64）を観察すると一種のハニカム構造がみられ，軽量で断熱性に優れた素材であることが分かる．

　製品品質表示では，羽毛はダウンとその他のものに分けられ，指定用語としてはダウンは「ダウン」，その他のものは「フェザー」または「その他の羽毛」と表示される[*28]．羽毛のもっとも重要な機能として保温性があるが，それはかさ高性と密接に関係する．かさ高性試験方法として単位質量あたりの体積（$\mathrm{cm^3/g}$）を測定する方法が規定されており（JIS L 1903），この値をダウンパワーとよぶ．ダウンパワーを高めるには，単にダウンの混合割合を高めるだけでなく，成熟した水鳥のダウンを用い，ファイバー率（ダウンファイバーとフェザーファイバーの合計）を抑える品質管理が重要である．

[*28] 表6.7参照.

　羽毛のアミノ酸組成の特徴として，セリン，グリシン，プロリンの含有量が多く，また，疎水性アミノ酸（バリン，イソロイシン，ロイシン，フェニルアラニン）も羊毛ケラチンに比べて多く含まれる．この結果，羽毛は吸油性が羊毛に比べ数倍高いことに注意する必要がある．羽毛製品のクリーニングには水洗い，石油系ドライがあるが，羽毛は石油系ドライよりも水洗いの方が汚れが落ちやすく，かさ高性も回復する．つまり，石油系ドライでは汚れが落ちにくい上にかさ高性の回復が期待できない．これは羽毛が親油性であることと関連があり注意すべき点である．したがって，羽毛を充填される側生地は羽毛の噴き出しが抑えられ水洗い可能なもののほうが，長く羽毛製品を楽しむ上で望ましい．　　　　　　　　　　　［河原　豊］

出　　典

R.D.B. Fraser *et. al.* (1971) *Polymer*, **12**, 35-56

Y. Kawahara *et. al.*（2009）*Sen'i Gakkaishi*, **65**, 319-323
M. Zhan and R.P. Wool（2011）*Polymer Composites*, **32**, 937-944
麻生　普（2006）『新羽毛寝具要覧』pp.45-139，日本羽毛寝具製造業協同組合
古賀城一（1998）京都女子大学　生活造形, **43**, 18-26
杉山昌之（2018）繊維学会誌, **74**, 485-488

b. わた

わたは，繊維同士がランダムに絡み合い集合体を成しているものである．わたは，詰めわたとして昔から衣服や寝具に用いられてきた．現在，衣服の分野ではコートの詰めわたとしてダウンが多く用いられているが，ダウン以外の利用が非常に少ない．詰めわたに適する条件としては比重が軽く，圧縮回復性，保温性，透湿性，フィット性があることが望ましい．そのほか和服関係では，わた入れとして木綿わたが半てんや丹前にわずかに用いられる程度であるため，ここでは布団わたについて述べる．

布団の保温性を左右するのは布団の中わたであり，繊維集合体として無数の空気セルを有し，その空気の断熱性を利用して高い保温性を備えていなければならない．布団の中わた素材を比較したものを表4.2に示した．中わた素材には，綿，合繊，羊毛，羽毛が使われている．

表4.2　布団の中わた素材の比較

素材	綿わた	合繊わた ポリエステルなど	羊毛わた	羽毛わた
適用	敷ふとん （うすい肌掛け）	掛けふとん （混紡綿敷きふとん）	掛けふとん 敷きふとん	掛けふとん
中綿重量 (kg)	4.0〜4.5(掛) 6.0(敷)	1.8〜2.0(掛) 6.0(敷)	2.0〜2.5(掛) 2.5〜2.8(敷)	1.0〜1.4 (掛のみ)
保温性	○	◎	◎	◎
透湿性	○	△	◎	◎
軽さ	△	◎	○	◎
フィット性	○	○	◎	◎
圧縮回復性	△ （天日干し⇒◎）	◎(掛) △(敷)	○	◎
長所	打ち直しができる 安定性がある	軽くて扱いやすい	長持ちする 肌触りが良い 天日干しなしでも湿気を感じない	高齢者・病人・健康志向の強い人向き
短所	ほこりが出やすい 天日干しが必要	吸湿性に劣る	へたると乾燥させても戻らない	ややかさばり収納性に劣る

◎：もっともよい，○：まあよい，△：やや欠ける
［出典：鳥居（1999），p.166］

①綿わた

綿の寝具が使用されはじめたのは 16 世紀頃からといわれている．綿わたは，もっとも代表的なもので，布団わたとしての綿は，インドやパキスタンからの輸入が多い．繊維は太く，こしが強く，弾性に富み，かさ高性に優れているものである．綿わたの特徴は，吸湿性，透湿性に富む．弾力性もあるが，弾力性は吸湿するに従い低下する．重量はほかの中わたよりも重い．

②合繊わた

合繊わたは，1960 年頃から使用されるようになった．とくにポリエステルが多く使用されている．100％のもの，綿との混綿・混紡も広く用いられている．かさ高性を付与するため，繊維のクリンプや断面の改良，比重を小さくするための中空化など，種々改良が図られている．また，セラミックスを練り込んだ遠赤外線わた，香料を練り込んだポリエステルわたも作られている．ポリエステルわたは，速乾性，ウォッシャブル素材としても用いられている．

③羊毛わた

羊毛わたは，ヨーロッパでは古くから使われていたが，日本では最近注目されてきたものである．羊毛繊維の特徴であるスケール，クリンプの構造が布団わたに求められているためである．透湿・放湿作用，圧縮回復率，伸張性，保温性など，優れた特性をもっている．

④羽毛わた

羽毛布団は，ダウンとスモールフェザーを原料とする軽やかな風合いとフィット性に富み，掛け布団に適している．羽毛はほかのわたと比較して，保温性，かさ高性，圧縮回復性，透湿性に大変優れている（4.6 節 a 参照）．

[平井郁子]

参 考 文 献

繊維学会編（2004）『繊維便覧第 3 版』，pp.556-557，丸善
鳥居鎮夫（1999）『睡眠環境学』，p.166，朝倉書店
平澤猛男（1996）『被服素材増補改訂版』，pp.108-111，三共出版

4.7　そのほかの布

a. キルティング布

2 枚の布の間にわた[*29]や羽毛（ダウン）を入れ，ミシンや手差しでステッチをかけることで縫い合わせた布をキルティング布といい，キルトともいう（図 4.65）．保温効果のほかに，ステッチでさまざまな浮き彫り模様を描いたり，多色の布を縫い合わせて絵柄を描くパッチワークキルトなど装飾効果もある．

[*29] 中綿に不織布が使われることが多い．

用途としては，防寒のための冬物のダウンコート，ジャケット，スノーウェアなどに用いられる．パッチワークキルトなどの装飾効果の高いものは，装飾品としても用いられる．

図4.65　キルティング布

b. ボンデッドファブリック

ボンド（bond）は「接着する，接着剤」の意味で，2枚の布を接着剤で接着して1枚の布にしたものをボンデッドファブリック（接着布）という．織物，編物，不織布，レース，フィルムなどを，異種または同種で組み合わせて接着する（図4.66）．コシをもたせることで取扱いや裁断縫製が容易となり，寸法安定性が良く，しわになりにくい．裏地の必要がなくリバーシブル効果もある．しかし，一般にドレープ性や通気性は劣る．

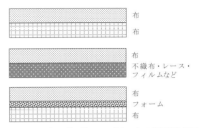

布
布

布
不織布・レース・フィルムなど

布
フォーム
布

図4.66　ボンデッドファブリックの断面模式図

2枚の布の間に薄いフォームシートを挟んで熱融着により貼り合わせた布もあり，フォームラミネート（米国名）やフォームバックス（英国名）とよばれる．フォームシートはおもにポリウレタン樹脂が用いられ，気泡の集合体で多孔質な構造である．このため，含気率が高く，軽くて保温性に優れる．また，布に多孔質フィルムをラミネートする，または多孔質樹脂をコーティングすることで，外からの雨滴は通さずに，人体からの水蒸気は放出するという透湿防水布もある．アウトドアウェアなどに用いられる．　　　　　　　　　［濱田仁美］

参 考 文 献

安藤文子 他著（2003）『改訂 生活材料学 ファッションとインテリア』p.86，アイ・ケイ・コーポレーション
成田典子（2012）『テキスタイル用語辞典』p.170, 405，テキスタイルツリー
野末和志（2012）『服地がわかる事典』p.285，日本実業出版社
ファッションビジネス学会 監修（2017）『ファッションビジネス用語辞典 改訂第3版』p.94, 328，日本ファッション教育振興協会

4.8　副 資 材

a. 裏地，芯地，接着布

①裏地

裏地は，表地と皮膚の間に存在することで衣服と皮膚の滑りを良くし，着心地を向上させる．さらに，衣服のシルエットを保つ，表地の傷みを防ぐ，保温効果を高める，透け感を減少させるなどの効果をもつ．

裏地は，その用途から，表面がなめらかでかさばらず，丈夫な生地がよい[*30]．素材としては，おもにポリエステルやキュプラなどが使われる．

*30 物性や取扱い方法において，表地との適性を考慮し，たとえば，表地が地厚な場合は，厚くて張りのある裏地を，薄くて柔らかい表地には，表に響きにくいような薄い裏地を選択する．また，表地がニットの場合には裏地もニットにし，表地の伸びに対応できるようにする．色は表地と同系色が使われることが多いが，最近では裏地にデザイン性をもたせるため，反対色などを用いることもある．

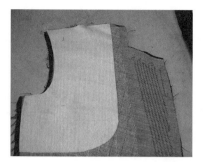

図4.67　ジャケットのラベル部の毛芯
毛芯をすくい縫いでつける.

図4.68　婦人コートにおける接着芯のぶくつき
[日本衣料管理協会クレーム事例勉強会]

ポリエステルと比較すると, キュプラは吸湿性が高いので蒸れを防止し, 帯電性が低いのでまとわりつきも防止することができる.

②芯地

芯地は, 表地の裏に縫い合わせたり, 接着したりすることで, 表地に強度をもたせ, 衣服のシルエットを保つために使われる. たとえば, 衿や前立て, 袖口などに用いられる.

芯地も表地や服種に合わせて選択される. たとえば, 高級な毛織物のジャケットのラベル部 (図4.67) には, 毛芯が使われる. 近年では縫製工程の省力化のため, 後述する接着布を用いるものが多い. ベルトには地厚なテープ状のもの (ベルト芯) が使われることもある.

③接着布

接着布は, 布の裏に接着樹脂を添付したもので, 熱可塑性樹脂を使った熱溶融タイプ (ホットメルト) のものが多い. アイロンの熱で表地につけ, おもに芯地として使われる. 布は織物, 編物, 不織布などさまざまであるが, 素材は寸法安定性の高い合成繊維が多い. 接着布の欠点として, 洗濯や着用によりはがれる, 布が硬くなる, 接着布の樹脂の部分に波うちやぶくつき (図4.68) が生じるなどがあり, 注意が必要である.

b. ボタン

ボタンは衣服の留め具として, また装飾としても使われる. 素材は, 天然素材, 合成樹脂素材, 金属素材,

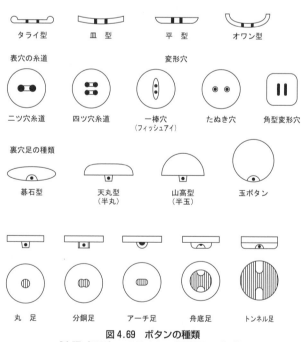

図4.69　ボタンの種類
[大隈 (1999), p.160 より一部引用して作成]

そのほかに分類される．天然素材としては，昔から貝や動物の角，木や皮などさまざまなものが使われてきた．ボタンの形は，表に穴のあるタイプと，裏に穴のあるタイプがあり，足のあるものもある（図4.69）．足のないボタンをつける際は，布の厚み分の足を作り，ボタンと布の間に空隙を作る必要がある（図4.70）．

浮かしつけ
●ボタンダウンの襟ボタン

根巻きボタンつけ

ぺたつけ

カボタンつけ
●コートの前ボタン

●紳士服，婦人服上衣の前ボタン
●紳士服ベストの前ボタン
●スラックスのポケットロボタン

●ワイシャツ，ブラウスの前立てボタン
●ワイシャツ，ブラウスのカフス（袖）ボタン
●ダブルスーツの飾りボタン

図4.70 ボタンのつけ方
[大隈（1999），p.160 より一部引用して作成]

c. ホックとスナップ

ホックはフックともよばれ，金具の一方がかぎ状に曲がり，もう一方の金具，あるいは糸のループに引っかけて留め具として用いられる．ズボンの前あき部分やスカートのウェスト部の留め具に使われる（図4.71）．

図4.71 ホック

ホックはボタンホールを使わない留め具のことを指すので，スナップもホックに含まれる．スナップは，凹型と凸型の1組からなる留め具である．布に縫いつけるタイプと打ち具で布にはめ込む（カシメする）タイプがある（図4.72）．

図4.72 スナップ

d. ファスナー

ファスナーはジッパーまたはチャックともよばれる．ファスナーは，ファスナーテープにつけられた務歯と，務歯をかみ合わせるスライダーでできている（図4.73）．Yの形をしたスライダーが上下することで，務歯を組み合わせたり，外したりすることができる．

ファスナーにはさまざまな種類があるが，代表的なものは，務歯が金属でできた金属ファスナー，務歯がポリエステルやナイロンなどの樹脂でコイル状の樹脂

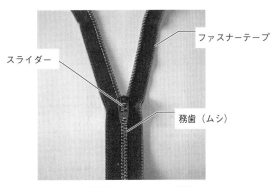
ファスナーテープ
スライダー
務歯（ムシ）

図4.73 ファスナーの構造

ファスナー，務歯の部分をポリアセタールなどの樹脂を射出成型するファスナーの3種類である．ファスナーの強度については，強度検査法（JIS S 3015）が定められており，務歯の材質，務歯の幅などにより強度は異なる．ファスナーを衣服などに取りつける際には，布の厚さや強度，製品の用途などにより，最適なものを選択する必要がある．

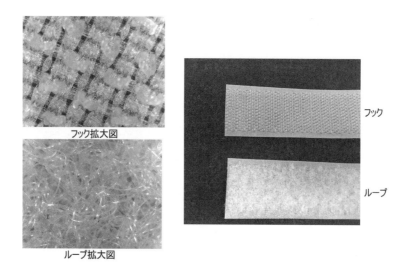

図4.74　マジックテープ

e. 面ファスナー

　面ファスナーにはマジックテープ®やクイックロン®などがあり，一般に，触るとチクチクする硬いほうをフック，柔らかいほうをループとよぶ．フックは繊維をかぎ状に曲げたもので覆われており，ループはループ状の繊維で覆われている（図4.74）．フックがループに引っかかることにより，テープ同士がかみ合って固定される仕組みである．面ファスナーは通常，上になる方にフックがくるが，帽子の留めや子ども服など，フックが肌に触れることが気になる場合には逆にする．最近では，1本のテープにフックとループをあわせもつ面ファスナーも開発されている．

f. ゴムひも

　ゴムひもとは，ゴムなどの弾性糸が入っているものを指すが，広義に細幅の繊維製品を表すこともある．弾性糸の入ったゴムひもは，ウエスト部や袖や裾などに使われる．平ゴムと丸ゴムがあり，丸ゴムはマスクのひもや髪を結ぶゴムなどに使われるが，ほとんどは平ゴムである．

　平ゴムには，コールゴムと織ゴムと編ゴムがある．コールゴムは，ゴム糸を数本組んで作られたゴムひものことで，コールは組んでいるゴム糸の数を表す．織ゴム，編ゴムは芯をゴムとする糸で織ったり，編んだりしたものである（図4.75）．　　［谷　祥子］

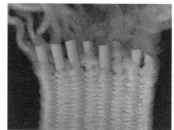
コールゴム

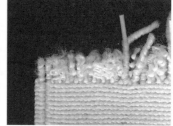
織ゴム

図4.75　平ゴムの種類

参 考 文 献

大隅　浩 監修（1999）『ボタン事典』，文園社

島崎恒藏 編著（2009）『衣服材料の科学 第3版』，建帛社

日本衣料管理協会クレーム事例勉強会，http://www.jasta-testa.jp/tes-chubu/backward/ claim200606.htm

4.9　布 の 性 質

　衣服素材である布にはどのような性能，性質が求められるだろうか．繰り返し着用や洗濯などの取扱い時の機械的作用に対しての耐久性，取扱いのしやすさ，外観の損傷しにくさなど，衣服素材である布に対してはさまざまな性能が要求される．また，衣服着用時の快適性が得られることも重要である．表4.3に衣服着用時の快適性におよぼす布のおもな要因をまとめた．

　布の性質や性能はその原料である繊維がもつ特性とともに，製造方法の影響を大きく受ける．繊維と布（繊維製品）とがほぼ同じ性質として，耐薬品性，耐候性，吸湿性，耐熱性，燃焼性，電気的性質などがあり，繊維の性質と繊維の集合構造により複合的に発現する性質として，力学的特性（引張，せん断，曲げ，圧縮，表面特性），熱・水分・空気の移動特性，外観特性などがある．

4.9.1　強度特性

　ここでは，運動機能性や耐久性などに関与する力学的特性について説明する．材料に外力が加わると変形が生じ，その外力が取り除かれると変形が回復する．この外力と変形に関する性質を力学的性質という．

表 4.3　布の性質からみた快適性の要因

快適性の種類		内容	影響をおよぼす布地の物性
身体的・生理的な快適性	運動機能性 フィット性	静止時，動作時ともに体を拘束せず，窮屈でないこと	引張・せん断・曲げなどの力学的特性
	保健衛生上の快適性 暑さと寒さ，濡れ感，ムレ感	温度，湿度，気流をうまく調節し，暑くも寒くもないこと	熱・水分・空気の移動特性
	触感 風合い	皮膚との接触によって生じる肌触り，手触り	布の表面特性，繊維の太さ，力学的特性，接触冷温感，電気的特性
社会的，心理的な快適性	視覚的快適性	好みや流行に即したデザイン，色，柄の衣服着用による満足感	力学的特性，光学的特性

a. 引張特性

　引張特性については，強さと外力に対しての変形挙動の両方から考える必要がある．

　繊維や糸と同様，布は引っ張っていくと伸長し最終的には切断（破断）する．切断時の強さを引張強さ（N），切断時の伸びを伸び率（％）として表す．織物と編物の荷重-伸長曲線（応力-ひずみ曲線）を図4.76と図4.77に示す．一般に布の荷重-伸長曲線は非線形であり，低伸長領域では下に凸の形状となる．これはわずかな力で糸のクリンプや組織のゆるみが伸びるためである．クリンプや布のゆるみが伸び切ると糸自体や繊維自体が伸びていき切断に至る．

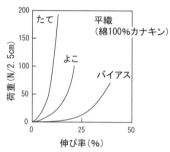

図4.76　織物の荷重-伸張曲線

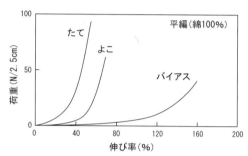

図4.77　編物の荷重-伸長曲線

　織物はよこ方向に比べて，たて方向の引張強さが大きく伸び率が小さい．一般的な織物はたて糸の織糸密度の方がよこ方向より大きく，1本の糸にかかる力が小さくなるため，たて方向の強度が大きくなる．そのほか，糸の強度や糸の交錯度も影響する．平織のような交錯点が多い組織は強度が大きく，交錯点が少ない朱子織の強度は小さくなる．

　伸び率に関しては，たて方向，よこ方向，バイアス方向の順に大きくなる．一般的な織物はたて方向よりよこ方向のクリンプ率が大きいため，伸びは大きい．バイアス方向は糸が斜め方向にずれるため伸び率はさらに大きく，強度は小さい．

　編物は糸がループ状に曲げられた状態になっているため，容易な力で変形しやすい．織物の伸び率と比較すると切断伸びは非常に大きく，とくにコース方向の伸びが著しく，なかなか切断しない．これは，図4.78に示すようにウェール方向は糸2本に力が分散されるが，コース方向では力が糸1本にかかるためである．

　湿潤時の引張強さについては綿と麻は大きくなる．しかし，毛，絹，レーヨン，キュプラ，アセテートなどは湿潤により強度低下を

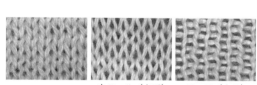

ウエール（たて）　　コース（よこ）
方向への引張り　　方向への引張り

図4.78　引張りによるループ形状の変化（平編地）

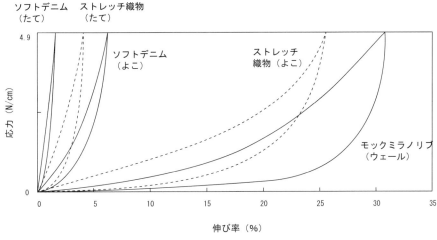

図4.79 応力-ひずみ曲線

起こすため，洗濯の際には注意する必要がある．ポリエステルなどの疎水性繊維はあまり変化しない（2.3.2項参照）．

　通常の衣服の着用状態であれば，布が破壊に至るまでの力がかかることはほぼない．したがって，荷重－伸長曲線の初期の領域が衣服着用時における性能と深く関連する．図4.79に綿織物，ストレッチ織物，編物（ウェール方向）について幅1cmあたり4.9Nまで引っ張ったときの応力-ひずみ曲線を示す．縦軸が引張りにともなう応力，横軸が伸び率である．伸びと力の関係は図4.76, 4.77と同様，直線関係ではなくカーブした非線形となる．また，伸長曲線と回復曲線，すなわち行きと帰りでは異なるルートをたどっており，ヒステリシス（2.3.2項参照）を生ずる．人間の皮膚の引張曲線も非線形で図4.79の布の曲線とよく似ている．そのため，布の変形挙動は人体の変形挙動とよくなじむと考えられ，変形しやすい布地であれば，動きにともなう拘束感が軽減する．

　図4.79において織物と編物の比較をすると，一定の応力をかけたとき，編物は織物に対して非常に大きな伸びを示す．上述のように，編物は糸がループ状になっているため，このループが小さな力でも容易に伸びる．編物で作られている衣服は伸びやすく締め付けが少ないのは，このためである．

b. せん断特性

せん断とは図4.80に示すように，布の一端（図中では布の下側の辺）で固定した状態で，布の上側を右側にずらすと，四角い布が平行四辺形になる．これがせん断変形というもので，横ずれのしやすさをいう．この斜めになった状態で，たて糸とよこ糸をみると，もともと直角だった角度が変

わっていることが分かる．布中の糸同士が拘束さ
れていないため，このような現象が起こる．バイ
アス方向の引張りと対応しており，布はバイアス
方向によく伸びる．せん断角度を大きくしていく
と，斜めじわを生じる．このような現象を座屈と
いう．

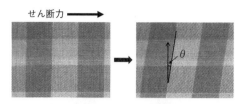

図4.80　布のせん断変形

　編物については，編み目が傾斜することによりせん断変形が起こる．

　以上のように，布は一般に伸びやせん断変形，曲げ変形をしやすいため，
曲面で構成され，複雑な形状をした人体を覆ったり，体の動きを妨げない
ようにする上で都合がよい．

c. 圧縮特性

　布を厚さ方向に圧縮してい
くと，圧縮力の増加とともに
厚さは減少していき，除重に
より厚さは回復するが，その
過程は引張りと同様にヒステ
リシスを生じる（図4.81）．
圧縮がたさは圧縮率で，回復
性の良さは圧縮弾性率で示される．

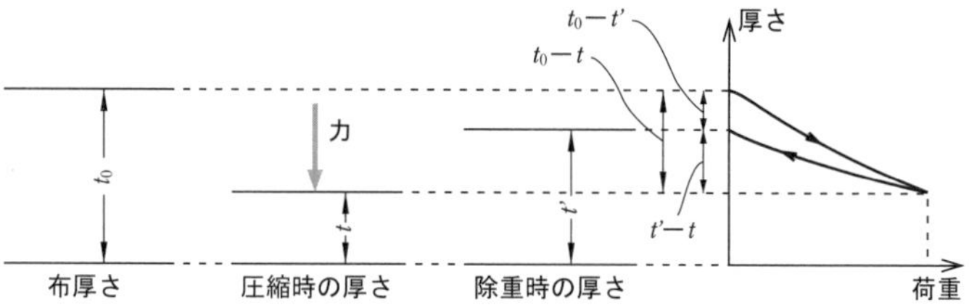

図4.81　圧縮弾性回復 [出典：石川 (1999) を一部改変]

$$圧縮率（\%） = \frac{t_0 - t}{t_0} \times 100$$

$$圧縮弾性率（\%） = \frac{t' - t}{t_0 - t} \times 100$$

　含気率が大きくかさ高い布は圧縮されやすく，織物よりも編物のほうが
圧縮率は大きい．また，タオルなどのパイル組織もパイル部分が倒れるこ
とにより圧縮率が高い．布の圧縮特性は布の柔らかさと密接に関係してお
り，ふっくら感，ふわふわ感といった風合いと関連している．

d. 曲げ特性

　布の曲げ特性は，せん断特性とともに布のしなやかさなどに大きく関係
する．布の曲げは，繊維のヤング率と太さ，糸の太さや曲げ特性，織糸密
度あるいは度目（編密度）などの影響を大きく受ける．

　材料の曲げ剛性はヤング率Eと断面2次モーメントIとの積EIで表さ
れることを，繊維の性質のところで述べた．ヤング率は材料固有の値で変
形のしやすさであり，断面2次モーメントは布の形状と大きさで決まる．
断面2次モーメントは，円形断面の場合は$I = \pi \times (直径)^4/64$，長方形断
面では$I = 幅 \times (高さ)^3/12$である．この式から，布の断面を長方形と仮定

すれば，布の曲げ剛性は布厚さの影響を大きく受けることが分かる．しかし，実際の布は多くの繊維が収束した糸で作られ，その糸はクリンプが生じていたり，ループ状になっていたりして大変複雑な構造となっており，金属材料などのような単純な変形とはならない．そのため，布の曲げ特性は純曲げ試験による方法と布のたわみから測定する方法で評価される．ここでは純曲げについて説明する．

布を円弧状に変形させることを純曲げといい，布を円弧上に曲げたときの曲率(cm^{-1})[*31]に対する曲げモーメント$(N \cdot cm/cm)$を測定する（図4.82）．この曲線の傾きから曲げ剛性$(N \cdot cm^2/cm)$を求める．曲線の傾きが大きい布は曲げがたく，傾きの小さい布は曲げやすいと評価される．また，曲線の行きと帰り，つまり曲げていくときの曲線と曲げを戻していくときの回復曲線の差を曲げヒステリシスといい，曲率$1.0\,cm^{-1}$における曲げヒステリシス$(N \cdot cm/cm)$を曲げ回復性として評価する．曲げの回復性は，布を構成する糸同士が交差する点での摩擦や繊維間の摩擦と密接に関係する．

[松梨久仁子]

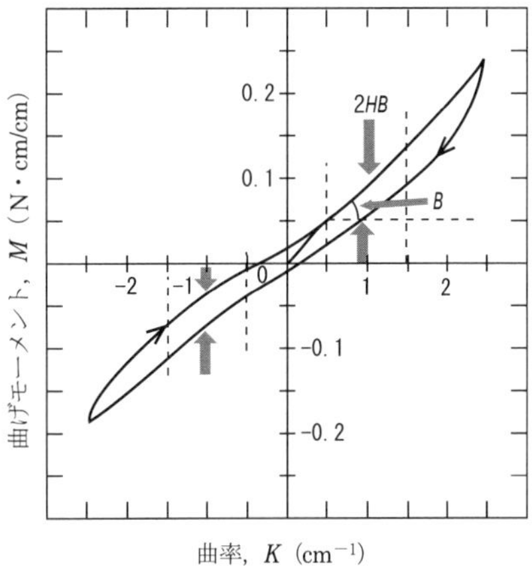

図4.82 曲げ特性

*31 **曲率**
曲線や曲面の曲がり具合を表す量で，曲線を円弧とみなした場合の半径（曲率半径）の逆数．

e. 引裂き強さ

布の引裂きは，衣服として用いるとき，よく生じることが多い．たとえば，カギ裂きといわれるような，突起物に衣服が引っかかり，引き裂かれる場合である．このようなとき，引き裂かれにくいものは，引裂き強さが大きく，引き裂かれやすいものは，引裂き強さが小さい．つまり，引裂き強さは，布の局所に力が集中して布が引き裂かれるときの抵抗力である．

引裂き強さの試験方法には，引張試験機を用いるタング法やトラペゾイ法，衝撃引裂き試験のペンジュラム法がある．図4.83にシングルタング試験法を示す．この方法では，デルといわれる三角形の変形部で引裂きが進行する．このデルは，糸密度や織組織の影響を受ける．交錯度のもっとも大きい平織は自由度が低く，拘束が大きいために変形が生じにくく，引裂きに対する抵抗は小さい．斜文織，朱子織は平織に比較して自由度が大きいので，変形が生じやすく，引裂きに対する抵抗は大きい．

また，三角形の変形部の発生は，織糸への力の分散である．つまり，同じ糸を使ったものであれば，変形部が大きく現れるほうが多くの糸に力が分散するため，引裂き強さは大きくなる．そのため，必ず

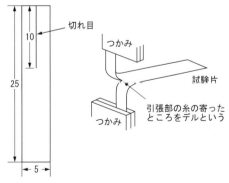

図4.83 シングルタング法
[松梨，平井 (2018)，p.42，図54]

しも引張強さと同じ傾向をもつとは限らない.

図4.84は,織物の引裂きの強さを記録したものである.原点からa以降は引裂き変形が不連続に進み,b,c,…のように不規則なピークが現れる.

樹脂加工,糊付加工などをして糸が動きにくくなっている織物は容易に引き裂くことができるが,ガーゼのようなルーズな織物では引裂きが容易でないことは,日常生活で体験していることである.そのほか,編物はループ構造で組織が織物よりもルーズなため,変形しやすく,織物よりも引き裂きにくくなる(図4.85).

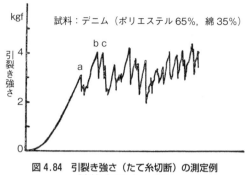

図4.84　引裂き強さ(たて糸切断)の測定例
[島崎(2000a),p.84]

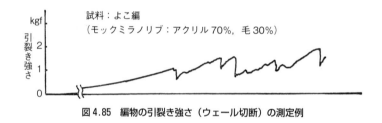

図4.85　編物の引裂き強さ(ウェール切断)の測定例

f. 破裂強さ

衣服として破裂するような用い方は少ないが,特殊な用途(ヨット,エアクッションなど,産業用資材)に関係して要求される性能である.

破裂強度は,布に面の力(2次元的な力)が作用し,破裂するときの抵抗力が破裂強さと定義される.試験機は,図4.86のミューレン型破裂試験機がある.周囲を固定した布地の内部から圧力を加えていくので,たて糸とよこ糸が同時に伸び,ゴム膜の球面状の膨張が大きくなる.このとき,たて糸とよこ糸が均衡している場合は,たて糸とよこ糸が同時に切断される.また,織密度,糸強度,糸の伸びに差がある場合は,その大小の関係から,その片方の糸が切断される(図4.87).

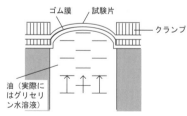

図4.86　布地の破裂試験
[松梨,平井(2018),p.43,図55]

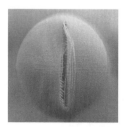

図4.87　織物の破裂状態

編物については，一般に布を構成している糸の強度の大小よりも，糸の伸び特性のほうが効果的に影響を与えることが多い．

g. 摩耗強さ

衣服の着用を重ねると，布同士やほかのものとの摩擦によって毛羽や毛玉の発生，テカリや擦り切れ，へたり，ついには穴があいたりする．

この摩耗には，図4.88に示す平面摩耗，屈曲摩耗，折目（ひだ）摩耗がある．このように摩耗は，布の表面的な摩擦作用だけでなく，屈折作用による引張り，圧縮，たわみ，もみこすり，ねじれなどの外力を繰り返し受けることにより布地に損傷を与えている．これらの損傷は，尻部，膝部，内股部，肘部，裾部，袖口部などによくみられる．

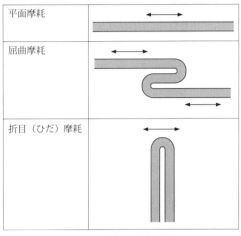

布の摩耗試験機としてよく用いられるのは，ユニバーサル形摩耗試験機（図4.89）がある．これは，平面摩耗強さ，屈曲摩耗強さ，折目（ひだ）摩耗強さを測定することができる．布の摩耗強さは，構成する布や糸によっても異なるが，一般に表面がなめらかな布ほど耐摩耗性は大きいといわれている．

図4.88 布地の摩耗の種類
[繊維学会（2004），p.225，図2-35]

表4.4に各繊維の摩耗寿命を示す．これは，図4.90の回転する摩耗ローラーに繊維を接触させ，下部におもりを吊るし，繊維を摩耗破断するまでの回転数を測定したものである．ローラーの回転方向にはAとBがあり，最大摩耗点はA方向のときa点，B方向のときb点である．ここではA回転方向のものを示す．このときローラーの表面摩耗子は金剛砂とする．各繊維の太さは異なるが，摩耗強さは，ナイロン，ポリエステルの値が大きく，毛，アセテートは小さいことが分かる．

図4.89 ユニバーサル形摩耗試験機
[松梨，平井（2018），p.44，図56]

このように毛は摩耗強さが小さい．そのため長く着用したスカートやズボンの尻部，肘部にテカリが生じやすい．テカリは，硬い物体との摩擦，アイロンがけの繰り返しによって布面が平滑化し，光の正反射光量が増加したものである．毛織物では，繊維表面のスケールが削られ，平滑化することもテカリを増す原因につながる．

また，袖と摩擦する脇部，バッグと摩擦する腰部などで発生しやすいピリングがある．摩擦によって小さな玉状の塊であるピルが発生すると，布地の外観や風合いを著しく損なう．

［平井郁子］

表 4.4 各種繊維の摩耗寿命

繊維の種類	繊度 （d）	摩耗寿命 （0.15 g/d 荷重）
綿	1.37	39
毛	7.53	3
絹	14.30	7
レーヨン	3.01	20
アセテート	3.89	3
キュプラ	1.35	60
ナイロン（1）	3.50	1336
ナイロン（2）	2.37	>70000
ポリエステル	2.84	11770
アクリル（1）	3.08	20
アクリル（2）	3.52	15
アクリル（3）	3.08	19

［出典：繊維学会（1962），p.316，表 4.31 を参考に作成］

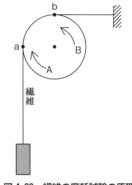

図 4.90 繊維の摩耗試験の原理
［繊維学会（1962），p.315，図 4-49］

参考文献

石川欣造 編（1999）『新衣服材料学』，同文書院

島崎恒藏（2000a）『衣造形材料学Ⅱ』pp.83-89，日本女子大学通信教育課程

島崎恒藏 編著（2000b）『衣服材料の科学』pp.96-100，建帛社

繊維学会 編（1962）『繊維物理学』pp.314-317，丸善

繊維学会 編（2004）『第 3 版 繊維便覧』pp.224-225，丸善

成瀬信子（2006）『基礎被服材料学』pp.108-109，文化出版局

日本羊毛産業協会 編（2015）『羊毛の構造と物性』pp.33-36，繊維社企画出版

松梨久仁子，平井郁子 編（2018）『衣服材料学実験』，朝倉書店

4.9.2 外観特性

a. 剛軟性

剛軟性は，布の硬さまたは柔らかさを表し，布の風合いや衣服にした際の外観特性と深く関わる性質である．たとえば，剛軟性が大きい，硬い布は，はりやこしのある風合いで，曲げにくい布地となる．剛軟性が小さいと柔らかく，しなやかな風合いで，曲線的な外観を作り出すことになる．

剛軟性は，繊維固有の性質によるところもあるが，糸の太さや布の構造によるところも大きい．一般的には，糸が細く，布の厚さが薄いほうが剛軟性は小さくなる．さらに糸が甘よりで，織糸密度が少なく，布の含気率が大きいと，剛軟性は小さくなる．一般に編物は織物よりも剛軟性は小さくなる．このように剛軟性は，衣服のシルエットや着心地に大きく影響を及ぼす特性であるため，同じデザインであっても，剛軟性の異なる布で製作すると，シルエットは大きく異なるものとなり，全体の印象にも大きな影響をおよぼすことになる．

布の剛軟性は KES 試験機のせん断特性，曲げ剛性で表すことができるが，JIS には図 4.91 のようなカンチレバー法，ハートループ法によって簡便に測定する方法がある．いずれも布の曲げやすさを測定するものである．

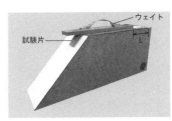

カンチレバー法 　　　ハートループ法

図 4.91　布の剛軟性を測定する装置

b. ドレープ

ドレープは布が自重により垂れ下がる性質をいい，具体的にはフレアースカートやカーテンにみられる（図 4.92）．ドレープは，円形の布を円筒に垂れ下げたときの投影面積が，元の面積に占める割合（ドレープ係数）で表す．ドレープ係数が小さいほどドレープができやすいということになる．

ドレープ性は，布の剛軟性と自重に関わる性質であり，柔らかい，あるいは重い布では，ドレープができやすい．また，垂れ下がりによってできたひだをノードといい，ドレープ性はノードの数や，ひだの曲線によっても評価することができる．

図 4.92　ドレープ試験

c. 防しわ性

布がしわになりにくい性質を防しわ性という．布を折り曲げたり，洗濯したりすると，しわが発生する．布を構成する繊維が変形しにくく，また変形しても弾性回復力により元に戻りやすければ，しわになりにくいため，防しわ性には繊維の影響が大きい．図 4.93 に示すように，麻やレーヨン，綿は，とくに湿潤時にしわが生じやすく，ポリエステルやアクリルなどの合成繊維は比較的しわになりにくい．天然繊維では羊毛はしわになりにくいが，湿潤すると弾性が低下し，しわになりやすくなる．布の組織と防しわ性では，同じ糸を使い同じ密度で織ると，平織，斜文織，朱子織の順に防しわ性は低い（表 4.5）．組織がルーズで糸が動きやすい方が糸間の摩擦抵抗力が小さくなり，布にかかる力が分散してしわになりにくいためである．また，組織がゆるいため，織物よりも編物のほうがしわになりにくい．防しわ性の測定方法としてはいくつか種類があるが，おもりを使って折り目をつけ，回復のための時間をおいた後，布の折れ曲がった角度を測る方法（モンサント法，針金法など）と，多方向の不規則なしわを視覚により評価する方法（ペンジュラム法）がある．

表 4.5　織物組織と防しわ性

組織	防しわ率 (%)	
	たて方向	よこ方向
平織	39.4	36.7
斜文織	44.7	46.1
8 枚朱子織	48.3	53.1

斜文織の組織は $\frac{2}{2}$
［出典：日本衣料管理協会 (2010) より一部引用］

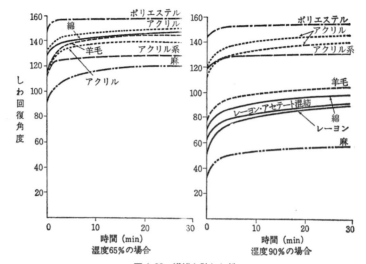

図 4.93 繊維と防しわ性
防しわ性は、しわ回復角度で表すことができる. 回復角度が大きければ（最大 180 度）しわになりにくいことを示す. [小川 (1980), p.152]

d. 表面摩擦特性

布の表面の滑りやすさを表面摩擦特性という. 表面摩擦特性は, 繊維の形態や糸のより, 毛羽, 布の組織, 密度などにより異なり, 布の触感や着心地, 耐摩耗性などに影響をおよぼす. かさ高で弾性に富んだ布や, 起毛製品, パイル織物は布の摩擦抵抗が大きく, 表面が平滑なフィラメント織物などは摩擦抵抗が少ない. 測定法としては, 傾斜板法や水平法があり, いずれも布の表面の摩擦係数を測定する.

e. ピリング

ピルとは毛玉のことであり, 毛玉が生じること, また生じた状態をピリングという（図 4.94）. ピル（毛玉）は, 織物, 編物の繊維表面が摩擦によって毛羽立ち, この毛羽が絡み合い, 小さな玉となることで生じ, ピルがそのまま脱落せずに生地表面に残った状態がピリングである. その

図 4.94 ピリング

ため, 糸が甘よりで, 糸密度が小さいとピルの発生が多くなり, 繊維の強度が大きいとピルが脱落しないため, ピリングとなる. 図 4.95 は繊維別のピルの生成を表したものであるが, アセテートや羊毛は強度が弱いため, ピルが生成しても摩擦回数が増えると脱落する. しかし, ポリエステル

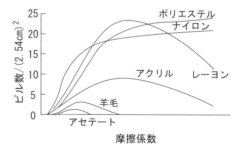

図 4.95 各種繊維の布へのピル生成曲線
[日本衣料管理協会 (2010), p.79 を参考にして作図]

やナイロンは繊維の強度が強いので，ピルが発生しても脱落しない．そのため，合成繊維の紡績糸による編物，甘よりの糸で糸密度が低い織物でピリングが問題となりやすい．

f. スナッグ

スナッグは，布が何かに引っかかって，糸が布表面から引き抜かれてループを形成したり，引きつれ現象を起こしたりすることである（図4.96）．フィラメント糸の織物や編物では，糸が引き出されやすく，引き出された糸が目立ちやすいため，

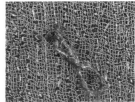

図4.96 スナッグ

スナッグが問題になりやすい．糸密度が小さく，糸の浮きが長く，糸の交錯点がずれやすい組織や，布表面の凹凸の大きい組織でスナッグが生じやすい．また，織物に比べ組織のゆるい編物では，スナッグが生じやすく，生じたスナッグにより，布地にランあるいはほつれを引き起こす原因ともなる．

g. 寸法変化

衣類に使われる繊維は，水や熱に接することで収縮や伸長を起こし，寸法が変化することがある．繊維製品の寸法変化は，日常生活においてもよく経験するものであり，クレームの対象ともなる．

図4.97 膨潤収縮のモデル図

綿やレーヨンのセルロース繊維は水を吸収すると膨潤し，糸が太くなるため，布の収縮が起こる（図4.97）．これを膨潤収縮という．また，ナイロンやポリエステルのような熱可塑性繊維では，乾燥機，アイロン，プレス機などの熱による熱収縮が起こる．さらに，織物や編物が織機や編機からはずれたことにより，たて糸などの張力がゆるんで起こる緩和収縮や，糸のよりによる平編地の斜行なども問題となる．

羊毛製品特有の寸法変化としてハイグラルエキスパンションがある．羊毛繊維は湿度の高いところでは，水分を多量に吸湿して繊維が伸びるが，乾燥すると収縮する．このように，吸湿と放湿が繰り返されると波状のしわができ，表面に凹凸の状態が現れて，外観を悪くする．また，羊毛繊維には水と摩擦により縮絨する性質がある（フェルト化）．

繊維製品の寸法変化としては，伸びも問題となる．一般に織物の伸びは小さいが，編物は収縮と同様に伸びが大きな問題となる．編物は，着用や吊り干しで編地が自重により伸び，型くずれを起こす．

4.9.3　水分特性

a. 水分率

布の水分率は，その組成によるところが大きい．たとえば，親水性の繊維である綿布の水分率は，綿繊維の水分率（2.3.1項参照）にほぼ等しくなる．合成繊維でもとくにポリエステルは，疎水性の繊維で水分率が非常に低いため，吸湿性が低く，着心地が問題となる．そこで，ポリエステル繊維に綿繊維などの親水性の繊維を混紡，あるいは交織，交編することで，布の水分率を上昇させることがある．同じような例として，アクリルと羊毛を混紡するなど，2種類以上の繊維を組み合わせて布にし，水分率を調整することができる．

b. 吸水性

布が水と接したとき，布を構成する糸や繊維の隙間に水を吸収する性質を吸水性という．繊維の吸水のしやすさは，繊維の種類によるところが大きく，親水性繊維は水を吸収しやすい．また，水との接触面が大きいほど，吸収する水の量が増加することになる．これは，パイル地のあるタオルの吸水性が高いことを考えると理解しやすい．

水が，布表面に接触すると，繊維と繊維，糸と糸の隙間が毛細管となり，そこに毛細管現象で次第に水が浸入していく．図4.98は，バイレック法でさまざまな繊維の布の吸水性を測定したものである．綿は親水性繊維であり，繊維内も中空であるため，吸水性が高いことが分かる．羊毛は，繊維自体の吸湿性は高い

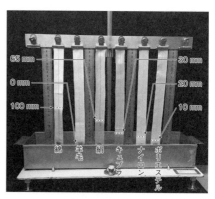

図4.98　吸水性試験（バイレック法）
左から綿（100 mm），羊毛（0 mm），絹（65 mm），キュプラ（30 mm），ナイロン（20 mm），ポリエステル（10 mm）

が，繊維の表面にはっ水性があるために，水を吸水しにくい性質がある．また，一般に含気率が高く，布の構造内に空隙の多い布は吸水性が高くなる．

c. 防水性

水をはじき，布の中まで水を通さないような性質を防水性といい，傘やレインコート，スキーウェアなどに求められる．一般には，布に，ゴムや塩化ビニール樹脂を塗布する加工を行う．しかしながら防水加工を施すと，透湿性が失われるためむれやすく，着心地

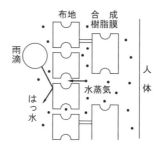
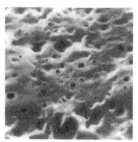

図4.99　透湿防水加工布（はっ水性合成樹脂の多孔質膜を接着したもの）
[石毛（2010），p.163]

が悪くなる．そこで，透湿防
水加工布（図4.99）が開発さ
れた．透湿防水加工布はいく
つかあるが，極細繊維の糸で
高密度に織られた布に，水蒸
気よりは大きく水よりも小さ
いミクロの孔を無数にあけた
ポリウレタン樹脂を裏側に塗
布することで，水蒸気は通す
が，水は通さないものがある

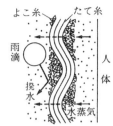

水蒸気の大きさ〈織物のすき間〈雨滴の大きさ
$4×10^{-7}$ mm $7×10^{-3}$ mm $1×10^{-1}$ mm

図4.100　透湿防水加工布（超高収縮高密度織物）
[石毛（2010），p.163]

（図4.99）．ほかに，超極細繊維を用いて，織糸密度
の大きい織物とし，これをさらに収縮することで，
超高密度の織物となり，繊維の間から水蒸気は通す
が水は通さないようにするものもある（図4.100）．
簡便には，はっ水スプレー[*32]を塗布することで，ある
程度の防水性を付与することができる（図
4.101）．　　　　　　　　　　　　　　[谷　祥子]

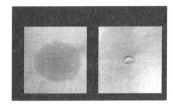

図4.101　はっ水スプレーによるはっ水効果
同じ綿布に右ははっ水スプレーをして水を垂ら
したもの．

参 考 文 献

石毛フミ子 監修（2010）『消費者のための被服材料』，実教出版
小川安朗（1980）『三訂 応用被服材料学』，光生館
日本衣料管理協会（2010）『繊維製品の基礎知識 第一部 繊維に関する一般常識』，日本衣料管理
　協会

[*32] フッ素系とシリコ
ン系がある．

4.9.4　快適性

　衣服を着用することにより，衣服と体の間に外界
とは別の環境が作られる．衣服と皮膚の間の空間の
気候を衣服内気候といい，この気候が温度 32 ±
1℃，50±10％RH，気流 0.25±0.15 m/sec のとき，
快適であると感じる（図4.102）．暑くもなく寒くも
なく，蒸れ感なく過ごすにはどうしたらよいだろう
か．衣服着用時の快適性には布のさまざまな性質が
複合的に影響しているが，とくに重要な性質とし
て，熱・水分・空気の移動特性があげられる．

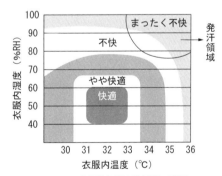

図4.102　衣服内気候と快適性の関係
[原田他（1982）]

a. 保温性

　保温性とは温かさを保つための性質で，人の体温調節において大変重要
な性能である．人間は恒温動物であり，外部の環境が変化しても深部体温

は約 37℃ に保たれている．人間の体温が一定に保たれているのは，体内で
タンパク質，脂質，糖質が燃焼して絶えず熱が生産されるのと同時に体外
へ熱が放散され，生産される熱（産熱）と放散される熱（放熱）のバラン
スを保っているためである．この産熱と放熱のバランスが，気温や風など
の外的な環境条件によって調節できなくなった場合に，衣服による体温調
節が必要となる．

　身体からの放熱は，伝導，対流*33，放射*34，蒸発*35により行われる．
2つの物体に温度差があるとき，熱は高いほうから低いほうへ移動する．
伝導，対流，放射は顕熱移動，蒸発は潜熱移動である．伝導は物体中を熱
が温度の高いほうから低いほうへ熱が伝わる移動現象であり，熱の伝わり
やすさを熱伝導率という．布自体の保温性を考えるとき，熱伝導率が重要
となる．

　保温性は布の含気率と密接に関係している．布は繊維と繊維の間，糸と
糸の間には隙間があり，その隙間には空気が存在する．すなわち，序論で
も述べたように布は繊維と空気の複合材料といえる．表 4.6 に空気の熱伝
導率を 1 としたときのほかの物質の熱伝導率の相対値を示す．熱伝導率は
前述のとおり熱の伝わりやすさを表すもので，繊維の熱伝導率は金属や水
と比較すると小さく，空気の熱伝導率はさらに小さいことが示されてい
る．つまり，私たちの身の回りで一番熱を伝えにくい物質が空気であり，
繊維と空気の複合体である毛布や綿布の熱伝導率（見かけの熱伝導率）は
繊維自体の熱伝導率と比べるときわめて小さいことが分かる．図 4.103 に
保温率と布中の含気率（空気の割合）との関係を示す．含気率が増加する
と保温性は高くなる．しかし，含気率が高いということは隙間が多いとい
うことでもあり，通気性が大きくなり，風が吹くと温かい空気が流されて
しまう．空気を布の中に静止させておくこと，つまり静止空気を作ること
が重要で，キルティング素材は含気率の高い中綿を密に織られた側生地で
覆い，温められた空気を外に逃がさないような構造になっている．

　そのほか，布の厚さも無視できない因子である．図 4.104 に
保温率と布厚さの関係を示す．厚地の布は熱を伝える距離が長
くなるため，保温効果が高いことが分かる．

　涼しい着方，温かい着方を考えてみたい．夏の暑いときに
は，熱が放散しにくいので熱を逃がしやすくするために，襟ぐ
りや袖ぐりなどの開口部が大きい衣服，織目や編目の粗い通気
性の大きい素材を選ぶとよい．逆に寒い冬は熱を外界に逃がさ
ないよう，夏の場合とは逆に開口部を小さくして衣服で皮膚を
できるだけ覆うようにすればよい．対流により温まった空気が
上から逃げないようにタートルネックのシャツやセーターを着
たり，襟元にマフラーやスカーフを巻いたりするのは理にかな

*33 対流は温度の違い
によって流体（液体や
気体）が移動する現象
である．体の回りの空
気は体温により温めら
れると密度が小さくな
り上部へ移動し，周り
の低温の空気が流れ込
む．これを自然対流と
いう．これに対し風を
身体に受けたり，うち
わであおいだりすると
きには強制対流が生じ
ている．

*34 放射は温かい物体
から出される赤外線に
よって熱が伝わる現象
をいう．太陽に当たる
と温かいのは放射によ
って熱が伝わるためで
ある．逆に皮膚温より
も部屋の壁や床の温度
が低い場合は，体から
周囲に放熱が起こる．

*35 蒸発は皮膚表面の
水分が蒸発するときに
蒸発熱が奪われる．

**表 4.6　各素材の熱伝導率の空気に
対する相対値**

素材	空気の熱伝導率に対する相対値
空気	1.0
繊維	8.3～12.5
綿布	3.3
毛布	1.7
フェルト	1.7
水	23.3
鉄	3480

［出典：島崎（2009）より作成］

っている.

　保温性とは異なるが，温熱
特性として接触冷温感という
特性がある．これは肌が生地
に触れたときに温かい・冷た
いと感じる皮膚感覚をいい，
皮膚が布に接触したとき，皮
膚と布間の温度差により熱が

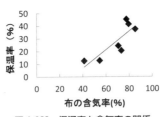

図 4.103　保温率と含気率の関係

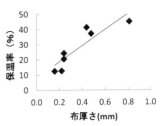

図 4.104　保温率と布厚さの関係

移動することで起こる感覚である．接触冷温感は q_{max}[*36]（初期熱流量ピ
ーク値）で評価され，値が小さければ温かく感じ，大きければひんやり感
を感じる.

[*36] 0℃に加温した銅
板（温度センサ内蔵）
を，20℃に調整した布
の表面に接触させるこ
とにより，熱流量を測
定する．接触直後（約
0.2 秒後）に熱流量の
最大値が現われる．こ
の 最 大 値 を q_{max}
（kW/m²）と定義して
いる.

b. 通気性

　空気は繊維間や糸間の隙間を通って移動するが，このような空気を通す
性質を通気性という．通気性は布の表裏の圧力差を一定にしたときに流れ
る空気量（$cm^3/(cm^2 \cdot s)$）を測定する方法（フラジール法）と，試験片に一
定量の空気を通過させたときの通気抵抗（$kPa \cdot s/m$）を測定する方法
（KES 法）で評価される.

　一般に，糸密度が小さくカバーファクタが小さい，含気率が高く，厚さ
の薄い布地は通気性が大きい.

　通気性は繊維の種類は関係なく，布の構造によって大小が決まる．通気
性の良い布地は人体から発生する熱を拡散させ，夏は涼しい着方ができ
る．また，布を重ねることにより，当然のことながら通気性は低下する.

c. 透湿性

　布が水蒸気を透過させる性質で，衣服内気候との関係からも重要であ
る．人体からは意識していないが常に水分が蒸発している．これを不感蒸
泄といい，1 日に約 900 g の水が蒸発している．また，暑熱
時や運動時，あるいは緊張時には発汗する．これらの水分が
皮膚と衣服の間に存在したままだと，べたつき，ムレ感など
の不快を感じるだけでなく，衛生上も問題である.

　これらの水分は衣服に吸収（吸水，吸湿）されるだけでな
く，布を通って外部に放出される（図 4.105）．布（衣服）に
よって隔てられた 2 つの気相の水蒸気圧が異なるとき，水蒸
気圧の高い相（衣服の内側）から低い相（外界）へ向かって
水蒸気が透過する．水蒸気は糸間，繊維間，繊維内を通過す
るため，布の開孔面積率，厚さ，含気率，繊維の吸湿性など
が関与する．一般に，通気性と同様，布中の空隙が大きいほ

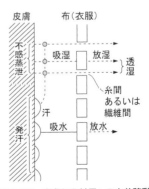

図 4.105　皮膚から外界への水分移動
[日本衣料管理協会（2016）を一部変更]

ど透湿性は高くなる．そのほか，布厚さも影響する．

　ここで繊維の吸湿性について言及しておく．透湿する際には，同時に吸湿も起こる．疎水性繊維は布の組織が粗ければその間隙から水蒸気は外に移動するが，密になってくると（充填率が30〜40％以上）急激に透湿性が低下する．しかし，親水性繊維は密な布でもそれほど吸湿性の低下がみられない．これはいったん繊維中に吸湿された後，放湿されるからである．

　透湿性は透湿率，透湿度，透湿抵抗，透湿係数などで評価される．透湿率（％）は布を介しての透湿量と布で覆わない状態での蒸発水量の比である．JISで定義されている透湿度 P（g/（m^2・h））は，単位時間，布の単位面積あたりの透湿量である．

　また，布の透湿性はフィックの拡散法則に従うとすると，定常状態において，透湿抵抗 R（m）や透湿係数で表すことができる．透湿抵抗 R は同じ抵抗をもつ静止空気層の厚さ（m）に相当する．

　透湿度，透湿抵抗は次の式で表される．

$P = Q/At$

　　ここで，P：透湿度（g/（m^2・h））

　　　　　　Q：透湿量（g）

　　　　　　A：試料の透湿面積（m^2）

　　　　　　t：時間（s）

$R = D(\Delta C)At/Q$

　　ここで，R：透湿抵抗（m）

　　　　　　Q：透湿量（g）

　　　　　　D：空気中での水蒸気拡散係数（m^2/s）

　　　　　　ΔC：布両側の水蒸気濃度の差（g/m^3）

　　　　　　A：試料の透湿面積（m^2）

　　　　　　t：時間（s）

　透湿係数は水蒸気濃度差が 1 g/m^3 であるとき，厚さ 1 m，面積 1 m^2 の布を1時間に通過する水蒸気量である．

参 考 文 献

北田總雄（2000）『三訂生活造形のための被服材料要論』，コロナ社
牛腸ヒロミ 他編著（2016）『被服学事典』，朝倉書店
島崎恒藏 編著（2009）『衣服の科学シリーズ 衣服材料の科学』，建帛社
日本衣料管理協会（2016）『アパレル生理衛生論』，日本衣料管理協会
日本家政学会 編（1989）『環境としての被服』，朝倉書店
原田隆司 他（1982）繊維誌，**35**，350

衣服の汚れと性能変化

　衣服の1つの役割として，着用した衣服には皮脂や汗，はがれた角質，それらが入り混じった垢など人体から出る汚れと，泥，すす，埃など外部からの汚れを吸収し皮膚の清潔を保つことがある．しかし，その汚れを放置しておくと，布の機能が低下する．

　汚れが付着することにより布の重量は増し，繊維や糸間の隙間をふさぐことになる．そのため含気率は下がり，保温性，通気性，透湿性が低下する．また，皮脂汚れなどが原因で吸水性も低下し，汚れを吸収できなくなる．また，べたつきを感じるなど肌触りも悪くなる．このように衣服の汚れは，快適性や衛生的機能低下と密接に関係しており，とくに肌着類はこまめな着替えと洗濯が必要である．

[松梨久仁子]

4.9.5　そのほかの特性

a. ヒートセット性

　合成繊維など熱可塑性のある繊維はガラス転移点（T_g）以上の温度で熱処理をすると，繊維の非晶領域で分子運動が生じ，内部応力が緩和される．このとき，ひずみがとれ安定な配列状態となり，冷却によって固定化される．この性質をヒートセット性といい，ヒートセット時よりも強い熱処理条件を受けない限り保持される．

　この原理によって，糸のより構造が固定され，かさ高さ，捲縮が変化する．また，染色加工前にヒートセットを行うことで，織編物を製造する工程中に発生したしわや不均一な収縮を補正し，染めむら，加工むらの原因を防いでいる．これをプレセットという．

　ヒートセットには，液セット，蒸熱セット，乾熱セットの3種があり，それぞれ熱水，オートクレーブによるスチーム，加熱ローラーなどを用いて処理する．処理条件は繊維の種類，織編物の組織，密度，ヒートセットの目的に応じて個々に設定される．表4.7に合成繊維のヒートセット温度と処理時間を示す．

　表4.7より，ポリエステルやナイロンの最適セット温度は，蒸気や乾熱処理に比べ，液セットのそれは低い．これは，熱水で処理するため，水が可塑剤となって，T_gが低くなるためである．

　一般に，ポリエステル，ナイロンに比べ，アセテート，アクリルはヒートセット効果が小さい．前者は規則性の高い鎖状高分子であり再結晶しやすいが，後者は非対称分子であるため再結晶しにくいことが関係している．

表 4.7　合成繊維のヒートセット温度と処理時間

繊維	液セット	蒸熱セット	乾熱セット
ポリエステル	120～130℃	120～130℃	190～210℃
ナイロン6	100～110℃	110～120℃	150～180℃
ナイロン6,6	100～120℃	110～130℃	170～190℃
アクリル	―	80～100℃	90～110℃

［出典：島崎（2015），p.150］

b. アイロンの適正温度

衣服の初期の性能や形状を保つために，アイロン仕上げを行う．一般に温度は高いほうが効果は得られるが，このとき，熱可塑性のある繊維の織編物は，ヒートセット温度以上でアイロン処理を行うと熱収縮が生じる．そのほかの繊維も，適切な温度以上で処理を行うと，黄

表4.8　各種繊維のアイロン適正温度

繊維名	温度（℃）
綿，麻	180〜210
毛，絹，レーヨン，キュプラ，ポリエステル	140〜160
アセテート，ナイロン，アクリル	120〜140
アクリル系，ポリウレタン	80〜120

［出典：松梨，平井（2018），pp.74-75］

変，硬化，軟化など繊維の損傷などが生じる．そのため，各種繊維に対するアイロンの適正温度が設定されている．繊維の種類とアイロン温度の目安を表4.8に示す．

セルロース系繊維は，非晶領域のセルロース高分子鎖間が水素結合しているため，ヒートセット性は悪いが，水が介在することで水素結合が弱まり，ヒートセット性が向上する．したがって，綿，麻などは十分に湿らせた状態でアイロンの熱を加えると，繊維中の水分が蒸発するときに繊維内では分子同士が新しい位置で再結合可能となり，しわを伸ばすことができる．

［長嶋直子］

参 考 文 献

島崎恒藏 編著（2015）『衣の科学シリーズ 衣服材料の科学 第3版』，建帛社
日本学術振興会 繊維・高分子機能加工第120委員会 編（1999）『染色加工の事典』，朝倉書店
日本学術振興会 繊維・高分子機能加工第120委員会 編（2004）『学振版染色機能加工要論』，色染社
松梨久仁子，平井郁子 編著（2018）『生活科学テキストシリーズ 衣服材料学実験』，朝倉書店
本宮達也 他編（2002）『繊維の百科事典』，丸善

c. フェルト化

フェルト化は，羊毛製品に特有の性質である．羊毛繊維は乾燥状態ではスケールが閉じているが，湿潤状態では吸湿することにより膨潤し，スケールが開く（図4.106）．また，羊毛のスケールは毛根側から先端方向に向かって重なり合うように並んでおり，毛根方向と先端方向の摩擦係数が異

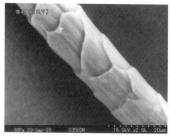

図4.106　乾燥時（左）と湿潤時（右）の羊毛繊維
［日本毛織株式会社提供］

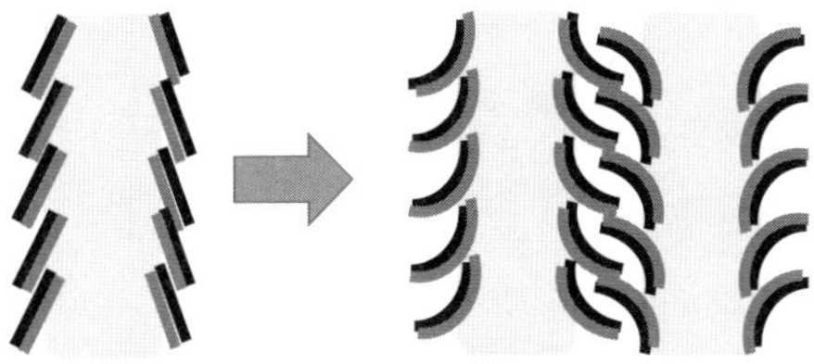

スケールが水分を　　　　摩擦によりスケール
吸収して膨らむ　　　　　が絡まる

図 4.107　羊毛繊維の摩擦係数異方性と縮絨の原理

なるという摩擦係数異方性がある（図 4.107）．湿潤した状態で，繊維が多方向に重なり，摩擦力を受けると，互いに絡まり合い縮絨する．フェルト化は不可逆的な現象であり，フェルト化したものは元に戻ることはない．フェルト化は，羊毛織物の仕上げ段階で縮絨加工として用いられることもあり，たとえば冬物の衣料に使われるフラノやメルトンといった織物では，表面の繊維が複雑に絡み合い独特の風合いが生まれる．

参 考 文 献

YKK ファスニングプロダクツ販売株式会社（2013）『FASTENING　CATALOGUE』
石毛フミ子 監修（2010）『消費者のための被服材料』，実教出版
大隅　浩 監修（1999）『ボタン事典』，文園社
小川安朗（1994）『三訂応用被服材料学』，光生館
北田總雄（1993）『生活造形のための被服材料要論』，コロナ社
日下部信幸（2009）『確かな目を育てる　図説 被服の材料』，開隆堂出版
島崎恒藏 編（2010）『衣の科学シリーズ 衣服材料の科学 第 3 版』，建帛社
日本衣料管理協会（2011）『新訂 繊維製品の基礎知識』，第 1 部 繊維に関する一般知識，日本衣料管理協会
日本家政学会 編（1989）『家政学シリーズ 被服の資源と被服材料』，朝倉書店
日本羊毛産業協会 編（2015）『羊毛の構造と物性』，繊維社企画出版
文化服装学院 編（2000）『文化ファッション大系 服飾関連専門講座① アパレル素材論』，文化服装学院教科書部

d. 燃焼性

繊維には，燃焼しやすいものと燃焼しにくいものがある．綿，麻，レーヨンなどのセルロース繊維は，紙と同様に燃えやすく，火が着くと炎を離しても燃え続ける．絹や毛のタンパク質繊維では，とくに羊毛は燃えにくく，炎を遠ざけると火が消える．合成繊維や半合成繊維は，燃え始めると，炎を遠ざけても消えにくく，溶融しながら燃焼する．表 4.9 に各種繊維の熱的性質を示すが，半合成繊維，合成繊維は熱により軟化し，やがて溶融する．そのため，衣服の取扱い絵表示には，軟化点よりも低い温度でアイロンをかけるように表示されている．図 4.108 に示すように，実際にアイロンの温度を上げて加熱することで，繊維の熱的な性質を確かめることができる．
　　　　　　　　　　　　　　　　　　　　　　　　　　　　　　　　　[谷　祥子]

表 4.9　繊維の熱的性質

繊維	燃焼挙動		軟化点(℃)	融点(℃)
綿	易燃性	速やかに燃える		
麻	易燃性	速やかに燃える		
羊毛	可燃性	縮れて燃焼する		
絹	可燃性	縮れて燃焼する		
レーヨン	易燃性	速やかに燃える		
キュプラ	易燃性	速やかに燃える		
アセテート	易燃性	軟化収縮しながら徐々に燃焼する	200～230	260
ポリエステル	可燃性	溶融しながら徐々に燃焼する	238～240	255～260
アクリル*	易燃性	溶融しながら燃焼する	190～240	不明瞭
ナイロン	可燃性	溶融しながら徐々に燃焼する	180	215～220

*アクリル系は難燃性.

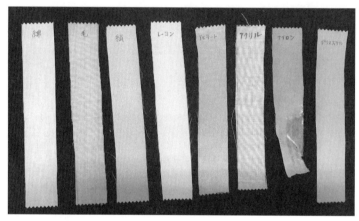

図 4.108　繊維の熱的性質

各種繊維の織物にアイロン（180℃程度）を 1 分間かけたもの. アイロンと布の間にはオーブンシートをはさんでいる.

e. 帯電性

　物体が互いに摩擦されると，静電気が発生し，蓄積される性質を帯電性という. 衣服における帯電は，着用中の衣服同士，あるいは履物と床材との間に生じる摩擦，接触，剥離により発生するが，素材の性質，表面処理，湿度なども関係する.

　互いに摩擦された衣服同士の帯電荷がプラスであるか，マイナスであるかは，摩擦する衣服素材が何であるかで異なり，帯電列から推定できる. 図 4.109 に繊維の摩擦帯電列を示す. 発生する静電気は，序列が離れているほど大きく，近いほど小さくなる傾向がある.

　着用する衣服が天然繊維同士であれば，静電気が発生しても，繊維中に含まれる水分を通して電流が流れ，帯電性は小さくなる. しかし，合成繊維は吸湿性が小さいので，摩擦により静電気が発生しやすく，発生した静電気が蓄積されやすい. そのため，空気中のほこりを引きつけ，汚れやす

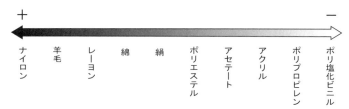

図 4.109　繊維の摩擦帯電列 [松梨，平井（2018），p.103]

くなる．

　床の上を歩行すると，靴やスリッパなどと床との摩擦により静電気が発生する．その静電気が人体に帯電し，蓄積され，金属類に触れたとき瞬間

図 4.110　導電性複合繊維の断面図
[建築材料活用事典編集委員会（2007），p.559]

放電を生じる．とくに冬季の湿度の低い環境下では，人体帯電圧が 10 kV を超えることも考えられ，瞬間放電により OA 機器の誤作動や故障，IC 部品が破壊する原因になることが指摘されている．

　カーペットに用いられる合成繊維や建築床材に用いられる合成樹脂類の多くは絶縁性が大きく，帯電しやすい．そのため，カーペットの帯電防止は早くから実用化されている．カーペット繊維の帯電防止には，後加工による帯電防止剤の繊維表面への付与，紡糸時の帯電防止剤の練り込み，導電繊維の混用などがある．後加工や練り込み紡糸法は，電気抵抗を低減し，発生した電荷を拡散，消滅させる．導電繊維は，炭素粒子練り込みポリマー複合繊維で，カーボンブラックを練り込んだ導電ポリマーと通常ポリマーとが接合された複合繊維である（図 4.110）．取扱いの容易性，優れた帯電防止性，耐久性，工業生産性が優れている．導電繊維は，周辺に帯電した物体があると，電極としてはたらき，コロナ放電を起こし，発生した空気イオンによって帯電が中和，除電される．　　　　　　[平井郁子]

参 考 文 献

建築材料活用事典編集委員会（2007）『建築材料活用事典』p.559，産業調査会事典出版センター
高柳　真　監修（2011）『トコトンやさしい静電気の本』，日刊工業新聞社
成瀬信子（2007）『基礎被服材料学』p.21，133，文化出版局

f. 風合い評価

　布の風合いは，布に触れたときの手触りや外観から判断される布全体の感じである．つまり，人間の感覚により感知する布の性質を風合いとよぶ．人は触ったときに布の力学的特性からくる感覚を感じ取り，視覚でドレープ性，色，光沢などを，聴覚で絹鳴りなどの触ったときに生ずる音を感知して，風合いを複合的・総合的に判断している．しかし一般的には，風合いは布あるいは繊維製品を触ったときの手触りや肌触りで表現する場合が多い．最近では布に限らず，自動車のハンドリングや紙，プラスチッ

表 4.10 布の基本的な力学的性質および表面特性値

特性	記号	特性値	単位
引張り	LT	引張剛性	–
	WT	引張り仕事量	$N \cdot cm/cm^2$
	RT	引張りレジリエンス	%
曲げ	B	曲げ剛性	$N \cdot cm^2/cm$
	2HB	ヒステリシス幅	$N \cdot cm/cm$
せん断	G	せん断剛性	$N/(cm \cdot degree)$
	2HG	$\phi = 0.5°$ におけるヒステリシス幅	N/cm
	2HG5	$\phi = 5°$ におけるヒステリシス幅	N/cm
圧縮	LC	圧縮荷重-圧縮ひずみ曲線の直線性	–
	WC	圧縮仕事量	$N \cdot cm/cm^2$
	RC	圧縮レジリエンス	%
表面	MIU	平均摩擦係数	–
	MMD	摩擦係数の平均偏差	–
	SMD	表面粗さ	μm
厚さ	T	圧力 $0.5\,N/cm^2$ における厚さ	mm
重さ	W	単位面積あたりの重量	mg/cm^2

ク，木材などにも使われている．

　風合いは官能検査による主観的評価と，測定装置を使った客観的評価により判断される．主観的評価は官能評価の手法を用いる．柔らかい–硬い，伸びやすい–伸びにくい，なめらか–ざらざら，弾力がある–弾力がない，厚みがある–薄ぺらな，温かい–冷たい，重い–軽いなど，肌触りや触感，布のボリューム感，力学的特性，温熱特性などに関する用語対による SD 法の手法で評価することが多い．

　一方，客観的評価としては KES-FB システムによる測定値から総合的に判断し，官能評価による感覚評価尺度と対応して評価される．1972 年に日本繊維機械学会において「風合い計量と規格化研究委員会」が組織され，風合いの客観的評価のための規格化が行われた．布の性質を表す風合いを基本風合いとよび，こし，ぬめり，ふくらみ，しゃり，きしみ，しなやかさ，ソフトさが選定された．

　これらの基本風合いを，KES-FB システムにより計測される基本的力学的特性から，風合い値として客観的に算出する変換式が考案された．基本的力学特性とは引張特性，曲げ特性，せん断特性，圧縮特性，表面特性に関する測定値に厚さと重さを加えた 16 項目である（表 4.10）．この基本風合い値（hand value：HV）は 10（強い）〜1（弱い）の数値によって表現する．さらに基本風合い値をもとに，総合風合い値（total hand value：THV）を算出して品質評価をする．THV は 5 が最高で 1 が最低，0 は用途外として評価する．　　　　　　　　　　　　　　　　　　　　［松梨久仁子］

5 繊維製品の加工

5.1 仕 上 げ

　製織，製編された織物，編物の外観を整え，付加価値を高めるために仕上げ加工が行われる．JIS 繊維用語　染色加工部門（JIS L 0207）では，精練漂白，浸染，な染（捺染），処理加工，仕上げに分類されており，処理加工と仕上げを仕上げ加工という．仕上げ加工には一般仕上げと特殊仕上げの 2 つがある．以下，各繊維について述べる．

a. 綿織物

　一般には綿織物では毛焼きが行われる．紡績工程，製織工程で織物表面にできる毛羽をガスの炎などを使って焼き，取り除くことによって組織をはっきり表す，綿加工の最初の工程である．次にのり抜き工程に入る．製織工程では経糸の切断を防止するため付与したのり剤を除去する必要がある．さらに精練，漂白後の織物はテンタ[*1]を使用し，織物のゆがみを直し，布幅を整える．

[*1] **テンタ**
幅出し機.

　一般仕上げが終わった後に，繊維の性能を高めるために，表 5.1 のような特殊仕上げを行う．

表 5.1　特殊仕上げ加工

目的	加工の種類
触感を高める	酵素などによるジーンズのバイオ加工，綿布に麻のような風合いと外観を出す擬麻加工など
外観を高める	形態安定加工
形態を高める	防縮加工，防しわ加工，W & W 加工，形態安定加工など
熱，光，微生物などの抵抗を高める	難燃加工
表面の性能を高める	はっ水加工，防水加工など

　染色は被染物の形態によって，先染めと後染めに分類される．先染めは，繊維（ばら毛，トウ，スライバー，トップ）や糸に行う染色である．染色された繊維や糸を混紡，混織するため，多彩な色彩や意匠が得られ，かつ堅ろう性も良好となる．しかしながら生産コストがかかり，流行への臨機応変さは低い．一方，後染めは織編物，縫製品に行う染色であり，製品染めともいう．少量多品種，クイックレスポンスに適している．

b. 毛織物

　羊毛はセルロース繊維，絹，合成繊維にはないうろこ状のスケールをもっており，これが羊毛の特徴的な性質を生み出している．スケールをもつことによって長所と同時に短所も現れ，これを改善することが羊毛の仕上げ加工の目的である．

　羊毛のもつ長所を生かすもっとも基本的な仕上げ加工に，縮絨，起毛，せん毛（シャリング）がある．縮絨は羊毛の繊維表面に存在するスケールが水中で機械的摩擦が加わると繊維同士が絡まりフェルト化する性質を応用し，高温高湿度条件下でフェルト化する仕上げ加工であり，織物にしなやかさと厚みを与える．起毛は，羊毛織物の毛羽をかき出すことで，毛足が長くソフトな表面を与える加工である．縮絨や起毛後に，毛羽を一定の長さにきり揃える加工をせん毛といい，機械的に表面の毛羽を一定の長さに揃えることで温かくソフトな風合いになる．

　毛織物の仕上げは，この縮絨と起毛，せん毛を組み合わせ，さまざまな風合いを与えるために行われる．その組合せによって表5.2の仕上げ加工があり，ギャバ，サージ，ポーラ，モヘア，サキソニー，フラノなどが得られる．

表5.2　毛織物の仕上げ加工

加工の種類	説明
ナップ仕上げ	毛織物を洗じゅう，縮絨，起毛・せん毛して毛足を揃えた後，小さい毛羽を表面に現す仕上げ．ナッピングともいう．
ベロア仕上げ	ナップ仕上げのように刈りそろえ，密集した毛羽による外観が付与される仕上げ．
ミルド仕上げ	毛織物をロープ洗浄した後，縮絨，起毛・せん毛工程を経て，表裏ともに細かい毛羽を残す仕上げ．
メルトン仕上げ	紡毛織物の表面を縮絨して毛羽を絡み合わせることで，地組織をみえなくする仕上げ．
クリア仕上げ	織物組織の表面をはっきりと表すために毛織物の表面を毛焼きまたはせん毛して得られる仕上げ．
シュランク仕上げ	たて方向に引き伸ばされたひずみを取り，緩和収縮をできるだけ小さくする仕上げ．

羊毛は綿・合成繊維に比べて難燃性であるが，最近では特殊仕上げとして，熱や火の危険性のある場所での作業服として難燃加工が行われている．また，防縮加工，プリーツ加工，防虫加工などがある．

c. 絹織物

絹織物には綿や羊毛と異なる特有の仕上げ加工がある．

絹鳴り加工は，絹糸，絹布を握ったときに絹特有の摩擦音を発生しやすいようにする加工である．増量加工は絹織物に厚地感をもたせ，重厚な手触り，ふくらみ，光沢，コシの強さなどのドレープ性の風合いを良くする目的で行われる．繊維重量を増大させるためにスズ化合物，タンニンなどを使用した加工が行われていたが，現在ではグラフト重合に代わっている．また，絹の擬麻加工ともいわれるセリシン定着加工がある．薬剤処理でセリシンを絹に固定化するため，やや硬い仕上がりになる．絹を高温高濃度の硝酸カルシウムなどに浸漬し，膨潤収縮する性質を利用し，独特なシボ（凹凸）を付与する塩縮加工もある．

d. 化繊織物

化学繊維は製織，製編後に柔軟仕上げが行われる．界面活性剤やポリエチレンの乳化物で処理し，繊維間の摩擦抵抗を小さくする，あるいは，揉み，叩きなどの物理的作用による処理がある．

天然繊維の仕上げと同様に，製織，製編によって生じるゆがみを取り除き，幅を一定に保つために，テンタを使った幅出しも行われる．また，ナイロン，ポリエステルは，熱可塑性の特性を生かし，幅だし時に各繊維所定の温度で熱を加えヒートセットを行うことで寸法安定性が付与される．

ポリエステルについては，アルカリ減量加工がある（5.2.1項d参照）．

e. ニット

ニットは，織物と異なり，ループ形状であるため，伸縮しやすく，弾力性に富む．そのため変形しやすいことから，仕上げ工程における編地のループ形状の安定化が重要である．編物の形状により2つの加工法，筒状仕上げと開反仕上げに大別される．

筒状仕上げは，丸編を対象とし，筒状のままで，ねじれやループ形状を修正，幅出しを行う加工法である．一方，開反仕上げは拡布仕上げともいい，たて編，よこ編など平面の編地および切り開いた丸編地のウェール（たて）方向の幅を広げて，安定した寸法にする．切り開いた耳部分には，速乾性の合成樹脂を塗布するガミングを行い，耳巻きを防止する．また，開反後に縫製した製品（カットソー）の斜行を防ぐ目的で樹脂加工などによる形態安定加工も行われる．

　ダブルトリコットのような編地は起毛，せん毛して，しか皮（セーム皮）のような外観・風合いを与える仕上げ，いわゆるセーム仕上げが行われることもある．スエード仕上げともいう．

参 考 文 献

秋山隆一 他（2016）『新訂3版 繊維製品の基礎知識』，第1部 繊維に関する一般知識
島崎恒藏 編（2015）『衣の科学シリーズ 衣服材料の科学 第3版』，建帛社
日本学術振興会 繊維・高分子機能加工第120委員会 編（1999）『染色加工の事典』，朝倉書店
日本学術振興会 繊維・高分子機能加工第120委員会 編（2004）『学振版染色機能加工要論』，色
　染社
日本学術振興会 繊維・高分子機能加工第120委員会 編（2017）『繊維染色加工にかかわる技術の
　伝承と進展―羊毛・絹繊維に関する技術―』，繊維社企画出版
日本工業標準調査会審議（2005）『JIS L 0207 繊維用語（染色加工部門）』，日本企画協会
本宮達也 他編（2002）『繊維の百科事典』，丸善

5.2　機能性加工

5.2.1　外観に関わる加工

a. フロック加工

　接着剤を塗布した布表面に，レーヨンやナイロンなどの短い繊維（フロック）を静電気の作用によって垂直に固着させる加工である．電着加工，植毛加工ともいう．フロック加工はビロード，人工スエード，カーペットのパイルや羽毛の効果が出るため，衣服，室内装飾用としても使われる（図5.1）．

図5.1　ナイロントリコット
フロック加工品の断面
[繊維学会（1983），p.241]

　また，模様となる部分にのみ接着剤を塗布し，植毛することでプリント模様を表現するフロックプリントもある．接着剤を使用しているため，ドライクリーニングで外観を損ねることもあり注意が必要である．また，接着剤で植毛するため，通気性が悪くなる傾向がある．

b. シルケット加工

　綿繊維を水酸化ナトリウム水溶液で浸漬処理すると，繊維が膨潤し収縮する．このとき，緊張下で処理すると収縮が抑制され，繊維断面は円形に近づき，繊維表面のよじれが平滑になるため，シルクのような光沢が得られる．この現象は，1844年にJ.マーサーが最初に発見し，1890年にH.ロウエが発展させたものであり，マーセル化といわれている．わが国ではシルケット加工という（図5.2）．

　シルケット加工は綿繊維の光沢，強度，防縮性および染色性も向上させるため，綿繊維の仕上げ加工の前処理として用いられている．水酸化ナト

リウム水溶液によってセルロース繊維の結晶
領域周辺が変化し，結晶領域が少なくなる
が，セルロース高分子鎖の分子間力が強くな
るため繊維強度は増大すると考えられる．ま
た，緊張下すなわち繊維をよく伸ばして処理
することで，膨潤状態と引張応力状態がとも
に保持されることから，防縮性が付与され
る．さらに，結晶領域が少なくなることで
水，染料，助剤などが浸透しやすくなり，吸
水性と染色性が向上する．

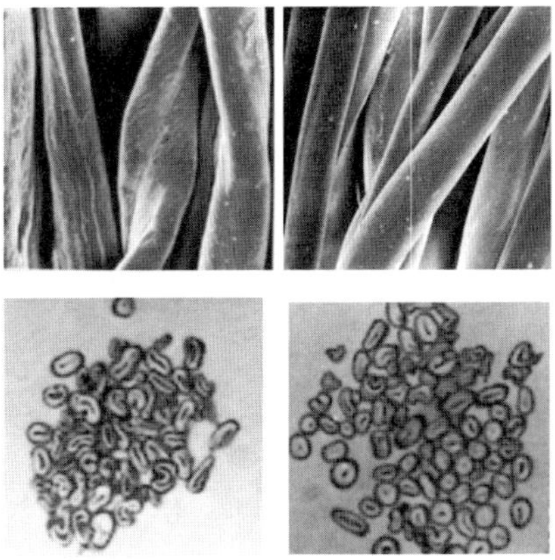

A-1

A-2

B-1

B-2

図5.2 シルケット加工前後の綿繊維の側面と断面
加工前：A-1（側面），A-2（断面）〔精練・漂白後〕
加工後：B-1（側面），B-2（断面）
〔繊維学会（1983），p.297〕

綿繊維の膨潤収縮は，水酸化ナトリウム水
溶液の濃度と温度に大きく影響される．濃度
20％前後で最大となり，液温が低いほど膨潤
が大きく，光沢が増すが，風合いは硬くなる．
これは低温であるほど水酸化ナトリウム水溶液の粘度が高くなり，表面加
工になるためと考えられる．

c. オパール加工

2種類以上の繊維の織編物（混紡，交織，交ねん糸）に対し，
1種類の繊維のみを薬品で溶解し，部分的に透けた模様を付与
する加工である（図5.3）．抜しょく加工ともいい，繊維を溶解
する薬剤をな染のりに入れて印捺するな染の一種である．

セルロース系繊維は酸に弱く，アルカリに強い．そこで，酸
に強いポリエステルやアクリル繊維と混用し，酸性（硫酸）を
含むのり剤を印捺，高温処理するとセルロース系繊維部分のみ
炭化する．これを洗浄し炭化部分を除去すると，酸に耐性があ
る繊維のみが残り，透かし模様が得られる．それ以外の溶解剤
として水酸化ナトリウムを使って，羊毛，絹を溶かす方法があ

**図5.3 オパール加工布（筆者加
工：レーヨン50％／ポリエステル
50％布）**

る．オパール加工後の織物は織組織がルーズになり目寄れが起きやすくな
るので，加工にあたっては織組織を適切に選ぶ必要がある．

d. アルカリ減量加工

ポリエステル繊維に高濃度の水酸化ナトリウム水溶液を高温で作用さ
せ，繊維を細くする加工である．これはポリエステル繊維高分子のエステ
ル結合が加水分解するためであり，その反応は繊維表面の溶解にとどまる
ため，繊維強度の大きな低下までは至らない．処理後のポリエステル織物
は光沢が増し，風合いが柔らかくなり，ドレープ性が付与され，柔軟にな
るためシルクライク素材に加工できるとともに，繊維表面に生じた凹凸に

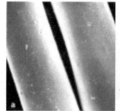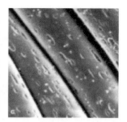

未加工ポリエステル　　　　12%減量　　　　　　25%減量

図5.4　アルカリ減量加工後のポリエステル繊維の側面
[繊維学会（1983），p.243]

よって，吸水性の向上，深色化が可能となる（図5.4）.

　加工における水酸化ナトリウム溶液の濃度は10〜20%と高く，粘度および表面張力が高いため，均一に浸透しにくいことから，浸透剤や反応促進剤を併用することもある．通常の減量率は15〜20%程度である．

e. 起毛加工

　針状のもので布表面から繊維を引き出し，毛羽立たせる仕上げ加工である．地厚で柔軟な風合いとなり，保温性も高まるが，加工後に目減りが生じ強度は低下する．ネル，ビロード，ラシャ，毛布などの製造に使われる．

　起毛機の種類によって針金起毛，あざみ起毛，エメリー起毛がある．針金起毛は針布ローラでおもに生地表面のよこ糸をひっかき，起毛

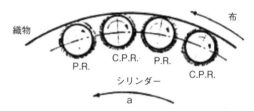

図5.5　針金起毛機の運動様式
P.R.：パイルローラー（後針），C.P.R.：カウンターパイルローラー（前針）[今井（1980），p.297]

の程度が強い．針布の種類，回転数，接触圧などによって起毛効果の調節が容易である（図5.5）.　あざみ起毛は，植物のあざみの実のとげで起毛するため，針金起毛に比べて繊細な起毛が得られ生地の損傷は少なく，毛織物やカシミヤ製品の起毛に用いられる．エメリー起毛はロールに巻きつけたエメリーペーパー（研磨紙）による起毛で，おもにたて糸を毛羽立たせ，毛足の非常に短い起毛が得られる．エメリー起毛の代表として新合繊のピーチスキンがある．

f. 防縮・防しわ加工

　収縮は，製織および加工工程におけるひずみの緩和（緩和収縮），吸水による膨潤（膨潤収縮），水系洗濯による繊維の絡み合い（フェルト収縮），熱によって生じる（熱収縮）.　これらの特性を踏まえ，収縮を防ぐ加工法がそれぞれ開発されている．

　緩和収縮は，織物の製造工程の引張りによるひずみが，洗濯によって緩和され，安定な状態になることで生じる．製造工程中にリラックス処理や

仕上げ工程にサンホライズ加工を施すことで防縮される.

　膨潤収縮は綿, レーヨンなどのセルロース繊維の洗濯時にみられる現象である. 水を吸った繊維の断面が膨潤し, 繊維長さ方向が収縮するため, マーセライズ加工, 液体アンモニア加工などの防縮加工法が施されている. また, 樹脂加工によって非晶領域のセルロース高分子に架橋を作り防縮性を付与させることもできる.

　フェルト収縮は羊毛の水系洗濯によって生じるスケールの膨潤と摩擦方向異方性によって生じる. そのため, 摩擦方向異方性を小さくする表面改質によって防縮性を付与している. 塩素系酸化剤でスケールのシスチン結合を酸化開裂し, スケールの柔軟化によって,

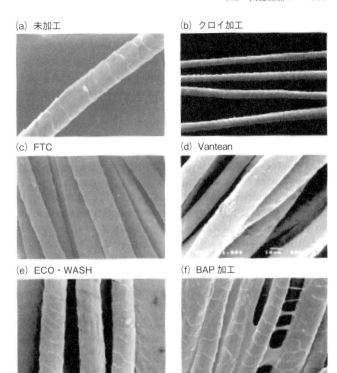

(a) 未加工　(b) クロイ加工　(c) FTC　(d) Vantean　(e) ECO・WASH　(f) BAP加工

図5.6　羊毛の各種防縮加工
[日本羊毛産業協会 (2015), p.48]

一部崩壊させ, 脱スケールさせるなどの防縮加工法である. クロイ加工, Dylan FTC法, Vantean プロセスなどがある (図5.6). また, 水溶性ポリウレタン樹脂で繊維同士を接着し防縮性を付与する BAP 法がある. 風合いが硬くなるが, 防縮性は高い. 最近, 非塩素系の防縮加工法としてECO・WASH が開発された. 羊毛のスケール表面を酸化したのち, オゾンガスでさらに酸化し, 還元処理することで防縮性を得ており, 羊毛のはっ水性も損なわない加工法である.

　熱収縮は合成繊維を溶融点に近い温度で加熱すると収縮が生じる現象をいう. そのため, ポリエステル繊維などは, 染色を行う前にヒートセットを行い, 熱で縮みにくくする処理を施している.

　防しわ加工は, 布に生じるしわを防ぎ, しわの回復を向上させるために行われる加工である. 一般的には弾性回復の小さい綿やレーヨンなどのセルロース系繊維には樹脂加工を行い, 防しわ性を付与させる. 樹脂加工によってセルロース分子間が架橋されることで, 繊維の弾性が高まり, 防しわ性が向上する. しかし硬い風合いとなり, 引裂き強度, 摩擦強度, 親水性が低下する.

g. プリーツ・しわ加工

プリーツ加工はスカート，ブラウスなどにひだ，または折り目をつけ，審美性を付与する加工である．オーストラリアの羊毛研究所で研究開発された羊毛織物のシロセット加工や，合成繊維や半合成繊維織物のヒートセットがこれにあたる．合成繊維や半合成繊維は熱可塑性があるため，幅や長さを固定して，蒸熱，乾熱などの加熱とともに一定圧力下で処理すると所定の形にセットされる．

しわ加工は布に自然なしわを意図的に付与し，耐久性があるしわが得られる加工である．熱可塑性を有する合成繊維では，織編物に板締め，袋詰め，箱詰め，ねじり，型紙の間にはさんだ状態で，熱水，蒸熱，乾熱することによって熱固定してしわを付与する．

セルロース系繊維は熱可塑性がないため，樹脂加工をしてロープ状処理でたてじわを付与する，あるいはワッシャ処理によって全面しわをつける加工がある．綿織物に防染のりをプリントし，アルカリ処理で非プリント部を縮ませて凹凸感によってしわを付与する，または強ねん糸を使い，糸のよりが戻る作用によって表面にしわを出す方法などがある．

h. W&W加工

綿製品を洗濯，乾燥後，アイロンをかけずにそのまま着用できる加工である．セルロース繊維を樹脂で架橋し，縫製後の形態を固定化することで，洗濯後の外観変化，すなわち，しわや収縮が抑制される．

これまで用いられてきた樹脂成分はメチロール尿素系の化合物が主であり，触媒としてアンモニウム塩などを使用する（図5.7）．繊維に樹脂と触媒を付与し，加熱（キュアリング）することで繊維と架橋反応が生じ，固定化することで防しわ，防縮性が付与される．しかしながら，用いる触媒は加熱下で酸を遊離するため，酸に弱いセルロース繊維は脆化し，強度低下が生じる．そのため，樹脂成分，触媒の選択，キュアリングの条件設定が重要となる．

メチロール系樹脂はホルマリンを含むため，加工後にホルマリンが遊離すると皮膚障害などの問題が生じる．厚生労働省令によって遊離ホルマリ

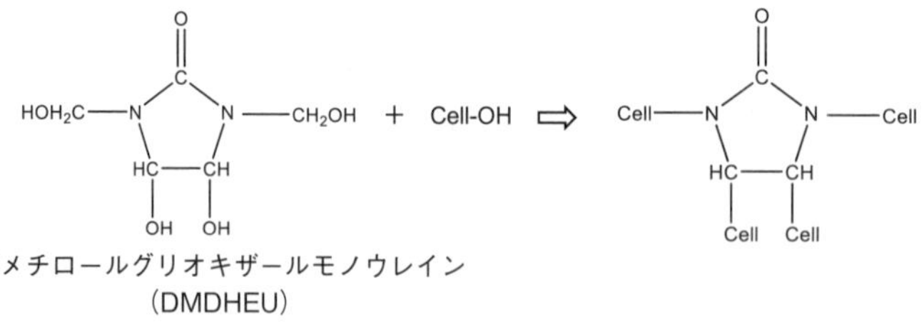

ジメチロールグリオキザールモノウレイン
（DMDHEU）

図5.7 メチロール尿素系の樹脂とセルロース繊維の反応機構

ンの規制があり，乳幼児製品（出生後24か月未満を対象とする繊維製品）からは試料1gあたりのホルムアルデヒドの溶出量が16 ppm（μg）以下，一般衣料品たとえば下着など肌に直接触れる衣類に関しては75 ppm（μg）以下であることなどが定められている．

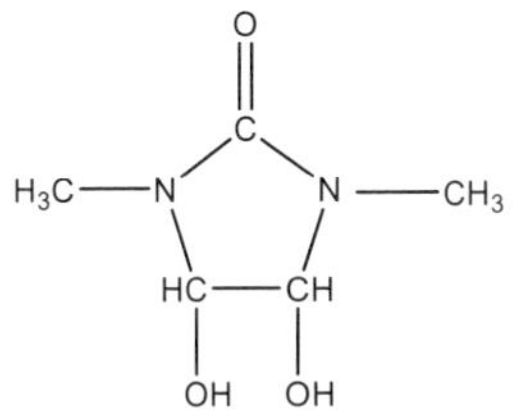

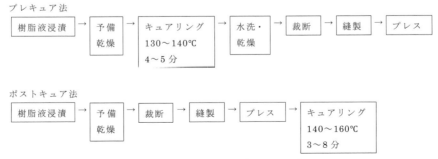

図5.8　ノンホルムアルデヒドタイプの樹脂（ジメチルグリオキザールモノウレイン）の構造

このような背景から，メチロール尿素系に代わる樹脂の利用や検討が行われている．現在代替薬剤としてグリオキザール樹脂が使用されている（図5.8）．その構造中にホルマリンを含まないため，加工後にホルマリンが遊離する懸念がない．また，ポリカルボン酸（ブタンテトラカルボン酸，クエン酸など）の利用も検討されている．触媒共存下でセルロース高分子と架橋反応することでW&W性が得られる．しかしながら，高温処理が必要であり，黄変や強度低下が大きいこと，防縮性が低下することが課題である．

i. 形態安定・シロセット加工

形態安定加工は，おもに，綿／ポリエステル混紡縫製品の半永久的な形態の維持を目的とした加工である．洗濯後のしわ，収縮，シームパッカリングの抑制などが付与される．パーマネントプレス（permanent press：PP）加工，気相（vapor phase：VP）加工などがある．

PP加工は繊維に樹脂を含浸させて，縫製前に熱によるプレス処理（キュア）を行うプレキュア法と縫製後にキュアを行うポストキュア法がある（図5.9）．このように，樹脂加工と熱処理を併用するため，デュラブルプレス（durable press：DP）加工ともいう．VP加工は，縫製後の製品を気相ホルマリンで架橋処理することで形態安定性が得られる．

近年，PP加工の前処理として液体アンモニア処理を行うことで，綿100%組成の縫製品にも形態安定加工が可能となったSSP（super soft peach phase）加工もある．

プレキュア法

樹脂液浸漬 → 予備乾燥 → キュアリング 130～140℃ 4～5分 → 水洗・乾燥 → 裁断 → 縫製 → プレス

ポストキュア法

樹脂液浸漬 → 予備乾燥 → 裁断 → 縫製 → プレス → キュアリング 140～160℃ 3～8分

図5.9　プレキュア法とポストキュア法
[城島（1997），p.222より筆者作成]

シロセット加工は，羊毛製品の折り目つけとして行われる．羊毛繊維の
システン結合を還元剤で蒸熱して切断したのち，折り目をつけ，酸化剤で
システン結合を再配列させる．このような架橋反応によって折り目が固定
される．

[長嶋直子]

参 考 文 献

秋山隆一 他（2016）『新訂3版 繊維製品の基礎知識　第1部繊維に関する一般知識』，日本衣料
　管理協会
今井節雄（1980）『実用染色講座』，色染社
島崎恒藏 編著（2015）『衣の科学シリーズ 衣服材料の科学 第3版』，建帛社
城島栄一郎 他（1997）『基礎からの被服材料学』，文教出版
繊維学会 編（1983）『図説繊維の形態』，朝倉書店
繊維学会 編著（2004）『やさしい繊維の基礎知識』，日刊工業新聞社
日本学術振興会 繊維・高分子機能加工第120委員会 編（1999）『染色加工の事典』，朝倉書店
日本学術振興会 繊維・高分子機能加工第120委員会 編（2004）『学振版染色機能加工要論』，色
　染社
日本学術振興会 繊維・高分子機能加工第120委員会 編（2017）『繊維染色加工にかかわる技術の
　伝承と進展―羊毛・絹繊維に関する技術―』，繊維社企画出版
日本工業標準調査会審議（2005）『JIS L 0207 繊維用語（染色加工部門）』，日本規格協会
日本羊毛産業協会 編（2015）『羊毛の構造と物性』，繊維社企画出版
本宮達也 他編（2002）『繊維の百科事典』，丸善

5.2.2　安全性に関わる加工

a. 帯電防止（制電）・導電加工

いずれも発生した静電気の蓄積を抑制し除電することを目的としている
が，帯電防止加工は静電気の漏洩，導電加工は放電を利用し，仕組みが異
なる[*2]．

*2 4.9.5項eも参照．

①帯電防止（制電）加工

合成繊維の原料となる高分子材料に，親水性モノマーで共重合したり親
水性ポリマーを練り込んで，繊維自体を親水性とし制電性をもたせる方法
（原糸改質）と，後加工で界面活性剤や親水性化合物を繊維表面に付与する
方法（後加工）がある[*3]．これらは，吸湿した水分により繊維の電気抵抗
を低下させ，静電気を空中に漏洩させることにより除電する．水が関与す
る機構のため，繊維材料の水分率や衣服内外の環境湿度の影響を受ける．
低電荷でも時間とともに漏洩する．合成繊維や樹脂製品など帯電性の高い
生活材料や，建物の空調の普及による低湿度環境の増加から需要は拡大し
ている．インナーや裏地，ハウスダストや花粉対策用衣服，クリーンルー
ムウエア・作業服，カーテンやマット類などに用いられる．

*3 一時的な効果では
あるが，市販の静電気
除去スプレーや洗濯時
の柔軟剤使用，適度な
加湿，帯電列を考慮し
た着装の工夫なども静
電気対策として有効で
ある．

②導電加工

導電性に富むカーボンブラックや金属化合物，セラミックなどを含んだ
繊維を，繊維製品に少量混用して用いる．電気抵抗の低い導電性物質を通
じて電子が移動し，繊維の先端から少しずつ繰り返し空中に逃がすコロナ
放電を利用している．湿度の影響は受けにくく，ある程度の高電荷に達す

ると瞬時に放電する．導電性物質の担持方法として，紡糸液への混合や繊維表面に対する処理などがある．導電性物質は基本的に有色であるため審美的制約があるが，白色や染色可能な導電性物質の使用や，繊維の芯部に導電性物質を配置する芯鞘紡糸法を用いることで表面が白色系の繊維として使用されることが多い．おもな用途は帯電防止加工と同様で，両加工が併用される場合もある．近年では静電気対策としての利用だけでなく，スマートフォン用手袋や電磁波遮蔽衣服に用いられたり，スマートテキスタイル*4への応用も進んでいる．

b. 難燃（防炎）加工

　繊維製品が炎にさらされた際，着火しにくくするか，着火しても燃え広がりにくくする加工である*5．衣料用に用いられる繊維はごく一部を除き可燃または易燃性を示すが，これらを難燃性のレベルにまで高める加工となる．難燃加工剤としてはおもに，リンやハロゲンを含む化合物が用いられる．これらは熱による繊維の炭化を促進して可燃性ガスの発生を防ぐはたらきや，繊維の分解で発生する不活性ガスで繊維周辺の空気を遮断し，消火する性質をもつ．セルロース系繊維に対しては，難燃剤を塗布または吸着・吸収させる後加工，化学繊維の場合は紡糸時に難燃剤を練り込む原糸改質または後加工により機能付与される．また，合成繊維では，加熱により瞬時に溶融収縮し，炎から自ら遠ざかることにより消火するタイプのものもある*6．

　用途としては，とくに過酷な環境下での機能発現が期待される，消防服やレーシングスーツ，防災服・防災用品，飛行機や車の座席シートなどのほか，日常起こりうる事故に対するリスク低減の観点から，袖カバー・エプロン，寝具類，咄嗟の行動が難しい高齢者などの衣服への適用が増加している．衣服としての利用を考える場合，火傷から身を守るためには難燃性*7だけでなく遮熱性や耐熱性なども必要であり，副資材や縫い糸も含めた衣服全体の総合的な機能評価が必要である．なお，消防法においては防炎の語を用いており，学校，病院，劇場，ホテル，高層建築物，地下街などでは，防炎素材を使ったカーテンやカーペットなどの使用が義務付けられている．認定基準を満たした製品には日本防炎協会が交付する防炎ラベルが貼付される（図5.10）．

5.2.3　衛生・美容に関わる加工

a. 抗菌防臭・制菌加工

　ヒトの皮膚にはさまざまな常在細菌が一定数存在し，基本的には有用である．着衣すると，皮膚表面の汗や汚垢とともに繊維表面に移行する．人体と衣服がなすこの環境は，細菌には適切な温度・湿度・栄養源がそろう

*4 スマートテキスタイルとは，一般の繊維素材では得られない新しい機能や優れた性能を備えたテキスタイルの総称．その中でも電子部品を搭載したものをe-テキスタイルといい，医療・福祉やスポーツの分野で生体情報をモニタリングするなどの目的で身につけられるウェアラブルな商品が注目されている．

*5 2.3.1項bおよび4.9.5項dも参照．

*6 不燃（着火しない）となる加工ではないことに注意．

*7 2.3.1項参照．

図5.10　防炎ラベルの例

生育条件である．細菌が増殖すると，皮脂や汗に含まれる脂質やタンパク質などを分解し，悪臭が発生する．抗菌防臭加工は，繊維上の細菌の増殖を（未加工品と比較して）抑制し，その結果，悪臭を防ぐことを目的とする加工である．すなわち，抗菌は手段で，防臭が目的である[8]．繊維評価技術評議会の判定基準に合格した製品には SEK マーク（水色）が付与される（図5.11）[9]．

図5.11 SEK マーク
S（清潔），E（衛生），K（快適）を示す．水色．

制菌加工は，繊維上の細菌の増殖を抑制する（増殖を阻止して減らす）加工である．抑制メカニズムや加工方法は抗菌防臭加工と同様であるが，臭気に関する規定はない．また，抗菌防臭加工より対象菌種が多いことや，増殖抑制のレベル，耐洗濯性基準が厳しくなる点などが異なる．おもに家庭における一般用途と，医療・介護機関での特定用途の2種類がある（表5.3）．

表5.3 抗菌制菌性評価方法

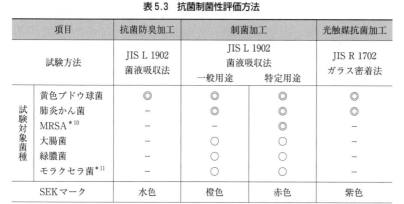

項目		抗菌防臭加工	制菌加工		光触媒抗菌加工
試験方法		JIS L 1902 菌液吸収法	JIS L 1902 菌液吸収法		JIS R 1702 ガラス密着法
			一般用途	特定用途	
試験対象菌種	黄色ブドウ球菌	◎	◎	◎	◎
	肺炎かん菌	–	◎	◎	◎
	MRSA[10]	–	–	◎	–
	大腸菌	–	○	○	–
	緑膿菌	–	○	○	–
	モラクセラ菌[11]	–	○	○	–
SEK マーク		水色	橙色	赤色	紫色

◎：必須検査菌種，○：オプション検査菌種

そのほか，少量の酸化チタンなどの光触媒効果を利用し，紫外線が当たると発生する活性酸素で繊維上の細菌を酸化分解させる，光触媒抗菌加工もある．また，抗ウイルス加工マークの認証制度も2015年度よりスタートした．

靴下や肌着，タオル類，マスク，寝衣・寝具類，インテリアファブリックなど，さまざまな使用場面で抗菌防臭・制菌加工のニーズが高まり，開発が進んでいる．なお，これらの加工はあくまでも繊維上の細菌やウイルスに対する効果を得るためのものであり，皮膚表面の細菌を減らしたり，人体に対する感染を直接予防または防止するものではない．

b. 消臭加工
すでに発生した不快なにおいを，低減あるいは除去する加工である．悪臭物質の消臭方法はおもに次の4つがあげられる．①感覚的消臭：より強いにおいで対象のにおいを感じなくさせる（マスキング），②物理的消臭：

[8] 抗菌剤として，銀／銅／亜鉛などの無機金属系抗菌剤，有機第四級アンモニウム塩系，カテキンやキチン・キトサンなどが用いられ，紡糸時に練り込むか，後加工で繊維に含浸または塗布される．

[9] 微量な抗菌剤の人体への影響を考慮し，2歳までの子ども用製品には使用規制がある．

[10] MRSA（メチシリン耐性黄色ブドウ球菌）．

[11] モラクセラ菌は常在菌の一種であるが，部屋干し臭の原因となる．

多孔質物質などに吸着させる．③化学的消臭：［中和型］酸と塩基との反応により中和する，［酸化型］銅などの遷移金属の酸化作用により閾値の高い物質や無臭の物質に持続的に分解する，④生物的消臭：金属フタロシアニン化合物などの人工酵素のはたらきで分解する．中和にはたらく官能基を導入したり，酸化チタンなどの金属酸化物や，キトサン，ヒノキチオール，銅などの金属塩，人工酵素など中和や触媒作用をもつ物質を繊維に練り込みまたは後加工で糸や布に担持させる．悪臭防止法で指定される臭気物質はアンモニアやメチルメルカプタン，イソ吉草酸など現在22種類で，評価法として機器分析法（ガスクロマトグラフ法，検知管法），官能試験法が採用されている．繊維評価技術評議会では臭気カテゴリー（汗臭，排泄臭など）ごとに指定の各臭気成分について評価を行っており，SEKマーク（桃色）を発行している（図5.12）．

図5.12　国内専用認定マーク
十字型のSEKマーク（桃色）は海外および国内用．JIS試験法は未制定．

繊維製品においては，汗臭や体臭，排泄臭，加齢臭，タバコ臭などが対象となることが多く，最近では部屋干し臭*12にも関心が集まっている．靴下や肌着，介護用衣類，寝衣・寝具，カーテン，トイレ・衛生用品などさまざまな消臭加工繊維製品や，衣類用の消臭スプレーやゲル状の消臭剤なども数多く上市されている．しかし，すべての悪臭を除去できる技術は現時点では存在しない．人の嗅覚やにおいの好みに個人差が大きいこと，悪臭成分の濃度と人の感じ方は比例しないこと*13，悪臭成分ごとに感覚閾値や消臭機構・速度が異なること，通常の生活空間のにおいはすべて複合臭であること，すぐに拡散してしまうことなどが，問題を複雑にしているためである．においの性質をよく理解し，用途に合わせて異なる機構をもつ消臭加工製品を併用するなどの利用が有効である．

*12 **部屋干し臭**
洗濯後に残った皮脂やタンパク質汚れをモラクセラ菌が分解し，低級脂肪酸4メチル3ヘキセン酸を発生させるといわれている．

*13 **Weber-Fechner則**
感覚量（臭気強度）は刺激量（悪臭成分濃度）の対数に比例するという法則．臭気濃度が90%減少しても感覚的に半分になったとしか感じない．

c. 防汚加工

繊維に汚れがつきにくくしたり，ついた汚れを落ちやすくする加工である．衣服は，人体と外界両面からの汚れを吸着・吸収することで，皮膚を清潔に保つとともに，環境の汚染物質から人体を保護している．一方で，清潔な衣服を着用したいという欲求や，洗濯後の残留汚れの蓄積に起因する繊維の変色や劣化，細菌の繁殖や悪臭などのリスク低減のため，できるだけ汚れない加工が求められている（SEKマークは青色．図5.13）．

汚れには，汗やコーヒーなどの水性汚れ（親水性），皮脂や口紅などの油性汚れ（疎水性・親油性），土埃や花粉や繊維くずなどの固体汚れ（不溶性）があり，繊維表面および内部に混在して存在する．おもに表5.4の加工方法がある．

かつては工事現場や工場での作業着，スポーツのユニフォームなどが対象だったが，近年では子ども服や介護服，学校制服などの一般衣料のほか，

図5.13　国内専用
十字型のSEKマーク（青色）は海外および国内用．

表 5.4　防汚加工

加工の種類	説明
①SG（soil guard）加工	着用中（大気中）に汚れがつきにくくする加工で，はっ水加工（対水性汚れ）やはつ油加工（対油性汚れ）があるが，水性・油性汚れともに対応可能なフッ素系樹脂*14によるはっ水はつ油加工が広く用いられている．
②SR（soil release）加工	洗濯時（水中）に汚れが落ちやすくする加工で，繊維表面に親水基を導入して洗浄液を浸透しやすくし，洗浄効果を高める．ポリエステルの再汚染防止効果も得られる．
③SGR加工	①と②を兼ね備えた加工で，環境条件（気相中か液相中かなど）に応じた加工剤の親疎水基の可逆的な反転現象（フリップ・フロップ現象）により，汚れがつきにくく，かつ，落ちやすくなる*15．

*14 フッ素化合物（パーフルオロアルキル基）の表面張力が，水や油のそれより低いので，はじく性質をもつ．

*15 汚れの付着しやすさ（落ちにくさ）は，繊維自体の親疎水性や表面形状にも大きく関わる．

洗濯頻度の高くない絨毯やテーブルクロス，洗濯できない宇宙船内での活動服に至るまで用途が広がっている．環境配慮型のフッ素フリー加工剤や，繊維表面に微細な凹凸をつけるなど加工剤自体を使用しない方法も開発されている．複雑な中空構造や繊維表面形状による光の散乱効果で汚れを目立たなくする方法もある．

d. 抗カビ・防ダニ加工

カビ*16やダニはともに，細菌と同様，適度な温湿度・栄養源のある環境下で増殖し，アレルギーやぜんそく，皮膚の炎症などの原因となる．カビやダニの繁殖を抑制し，清潔で快適な繊維製品を提供するための加工である．

*16 カビは真菌の一種で，細菌とは異なる．

①抗カビ加工

セルロース系繊維や皮革製品は，比較的カビに侵されやすい．カビが発生すると，発生部位の変色や着色，脆化，悪臭などが発生する．フェノール系や第四級アンモニウム塩化合物などの防カビ剤を，繊維に練り込んだり後加工で固定する．評価試験はクロコウジカビ，アオカビ，クロカビ，白癬菌といった特定の真菌に対して行われている．SEK マークは緑色である（抗カビ加工）．

②防ダニ加工

ダニの忌避，増殖抑制，通過防止などの機能を付与する加工である．忌避や増殖抑制のためには，薬剤を繊維に練り込むか後処理により固定する．通過防止は極細繊維による織物の高密度化などにより，物理的に，たとえば布団やソファの側地から中わた部分に入り込めないように，死骸やフンが表に出ないようにする仕組みである．評価試験にはヤケヒョウヒダニを使用する（図 5.14）．

図 5.14　防ダニ加工マーク（インテリアファブリックス性能評価協議会）

③防蚊加工

蚊は，刺咬・吸血して痒みや不快感を与える*17だけでなく，デング熱やジカ熱，日本脳炎，マラリアなどの感染症を媒介する．これらはおもに熱

*17 オスは刺咬・吸血しない．

帯地域で流行するが，2014年には日本でデング熱の媒介が伝えられるなど，近年の温暖化や，物流網の発達・活動範囲の国際化などにともない，身近な問題になりつつある．このような背景から，防蚊性をもつ繊維製品として，蚊を寄せつけない成分（忌避成分）を繊維に固着させた衣料品や，接触すると蚊が薬剤中毒様のダメージを受ける成分（ノックダウン成分）により居住空間への侵入を防ぐ網戸やカーテン，テントなどが開発されている．これらは殺虫剤や虫よけ剤と異なり，持続的かつ繰り返し使用できることが利点である．2018年12月には防蚊性試験方法に関するJISが制定され*18，客観的な統一評価が可能となった．今後，国際規格としてISO化に向かうことが期待される．　　　　　　　　　　　　　　　［雨宮敏子］

*18 参考：JIS L 1950-1：2018 生地の防蚊性試験方法—第1部：誘因吸血装置法，JIS L 1950-2：2018 生地の防蚊性試験方法—第2部：強制接触法

参 考 文 献

石黒辰吉 監修（2002）『普及版 防脱臭技術集成』，エヌ・ティー・エス

インテリアファブリックス性能評価協議会：http://www.interior-seino.gr.jp/（最終閲覧：2020年2月12日）

カケンテストセンター：https://www.kaken.or.jp/（最終閲覧：2020年2月12日）

片山倫子 編著（2002）『衣の科学シリーズ 衣服管理の科学』，建帛社

鞠谷雄士，平坂雅男 監修（2017）『繊維のスマート化技術体系 生活・産業・社会のイノベーションへ向けて』，エヌ・ティー・エス

高分子学会 編（2005）『高分子辞典 第3版』，朝倉書店

篠 治男 他（1997）『抗菌・抗カビ剤の検査・評価法と製品設計』，エヌ・ティー・エス

島崎恒藏 編著（2009）『衣の科学シリーズ 衣服材料の科学 第3版』，建帛社

鈴木美和子，軽部幸恵，德武正人，三代かおる（2018）『新版 アパレル素材の基本』，繊研新聞社

繊維学会 編（2004）『第3版 繊維便覧』，丸善

繊維学会 監修，日本繊維技術士センター編（2016）『業界マイスターに学ぶ せんいの基礎講座』，繊維社

繊維評価技術協議会：http://www.sengikyo.or.jp/（最終閲覧：2020年2月12日）

中島利誠 編著（2010）『新稿 被服材料学—概説と実験—』，光生館

ニッセンケン品質評価センター：https://nissenken.or.jp/（最終閲覧：2020年2月12日）

日本衣料管理協会刊行委員会 編（2006）『繊維製品の基礎知識（改訂第2版）第1部 繊維に関する一般知識／第2部 家庭用繊維製品の製造と品質』，日本衣料管理協会

日本家政学会被服衛生学部会 編（2003）『衣服と健康の科学』，丸善

日本規格協会 編（2016）『JIS ハンドブック31 繊維』，日本規格協会

日本繊維製品品質技術センター：https://www.qtec.or.jp/（最終閲覧：2020年2月12日）

日本防炎協会：http://www.jfra.or.jp/（最終閲覧：2020年2月12日）

文化服装学院 編（2000）『文化ファッション大系 服飾関連専門講座① アパレル素材論』，文化出版局

ボーケン品質評価機構：https://www.boken.or.jp/（最終閲覧：2020年2月12日）

増子富美，齋藤昌子，牛膓ヒロミ，米山雄二，小林政司，藤居眞理子，後藤純子，梅沢典子，生野晴美（2012）『生活科学テキストシリーズ 被服管理学』，朝倉書店

松梨久仁子，平井郁子 編著（2018）『生活科学テキストシリーズ 衣服材料学実験』，朝倉書店．

宮本武明，本宮達也（1992）『新繊維材料入門』，日刊工業新聞社．

弓削 治 監修（1989）『抗菌防臭』，繊維社

5.2.4　快適性に関わる加工

a. 透湿・防水加工

雨など外部からの水の浸入を完全に防ぐため，塩化ビニルや合成ゴムなどの樹脂で布表面をコーティングして，防水性を付与する加工を防水加工

という．防水加工は布の空隙がすべて覆われるため，身体から発生する水蒸気や衣服内の空気が透過せず，衣服内の温湿度が上昇し不快に感じることも多い．よって，衣服では多量の水や一時的に水の浸入を防ぐ雨具類などに利用が限られる．

　衣服としては，水の浸入を防ぎながらも衣服内気候の快適性は保持できることが望ましい．そのため，雨などの水滴は通さず水蒸気や空気は透過する透湿防水加工[19]が普及している．雨は直径が 100〜3,000 μm とされ，それに対して水蒸気は 0.0004 μm といわれている．そこで，水滴は通さず水蒸気は外に放散することができる微細な孔をあけた多孔質構造の樹脂膜を布表面に形成することで，透湿性のある防水布が開発された．透湿防水性素材としてはゴアテックス®が有名であり，PTFE（テフロン，ポリテトラフルオロエチレン）を延伸加工した膜とポリウレタンポリマーを複合化して作られている．このような，フッ素系樹脂の膜を多孔質構造にして布表面に接着させるラミネート加工のほかに，ポリウレタン樹脂などを溶媒に溶かし塗布した後，その溶媒を除くことで微細な孔を形成させるコーティング加工がある．また，非常に細い繊維を緻密に織り，繊維間の空隙をできるだけ小さくした高密度織布に，はっ水加工を施すことで高い耐水性と透湿性が得られる．高密度織物による透湿防水素材は，樹脂膜が存在しないため，ソフトな風合いに仕上がる．このようなさまざまな技術発展によって，透湿防水加工はアウトドアウェアやスポーツウェアだけでなく，日常的な衣服やシューズ，手袋，おむつカバーなど広範囲に用途が展開している．

b. 吸湿・速乾加工

　私達の皮膚から発散される水蒸気には，不感蒸泄と発汗によるものがある．吸湿性がある衣服は，これらの水蒸気を繊維が吸収して衣服内の蒸れを軽減する．しかし，吸湿した水蒸気が衣服外へ素早く放散されなければ，吸湿性も低下し濡れ感やべたつき感が生じて不快になるだけでなく，体温が奪われると冷え感が生じる．そのため，快適で健康的に衣服を着用するには，衣服が吸湿した水分を素早く衣服外へ移行し発散する速乾性が必要になる．人体からの不感蒸泄よりも発汗量のほうが多いため，汗による衣服内の蒸れ感や濡れ感を軽減する吸汗速乾素材が注目されている．

　衣服内から外へ水分を素早く移行させる方法には，繊維の断面形状を変えることで毛細管現象[20]を引き起こしやすくし，さらに水分が拡散して蒸発面積も増大するため乾燥を速めることができる．また，生地を多重構造にして，肌側は速やかに水分を吸収する生地に，内側は毛細管現象によって水分が移行しやすい構造，外側に速乾性のある生地を用いる方法がある．

[19] 4.9.3 項 c 参照．

[20] 液体の表面張力によって，細い管の中外では液面の高さが異なる現象．この場合，繊維内を水が移行しやすくなる．

近年では，温度依存性のある吸汗速乾加工剤が用いられることも多く，その性能を評価する試験方法も確立している．環境の温度によって加工剤に使用されているポリマーの構造が変化し，温度が低ければポリマーが水分を蓄え，温度が高ければ放散する性能を発揮する．運動によって体温が上昇するため，衣服自体の温度も上がり，衣服内に蓄えられた水分は温度依存性のある吸汗速乾加工剤によって放散しやすくなるという仕組みである．

c. 蓄熱・保温加工

衣服によって保温効果を高めるには，静止した空気を多く取り込むこと[*21]に加え，近年は繊維が蓄熱・発熱する加工技術が普及している．

冬によく着用されるようになった吸湿発熱素材は，繊維が水分を吸着することで吸着熱が発生する現象を利用し，繊維自体が熱を発して身体を温める．一方，太陽光や身体が発する特定波長を利用することで，繊維に熱を蓄えて身体を保温する蓄熱保温加工も多用されている．

繊維への蓄熱は，太陽光の近赤外線から可視光線まで吸収する炭化ジルコニウムなどを赤外線吸収剤に用いて，繊維表面に付着または繊維内部に練り込む．赤外線吸収剤は，太陽光から吸収した光エネルギーを熱エネルギーに変換して，温感効果を発揮する．よって，太陽光が照射しなければ蓄熱による保温効果は低下する．ただ，炭化ジルコニウムは遠赤外線を反射する性質もあるため，身体から発生する遠赤外線を反射させ逃がさないようにすれば，衣服内に遠赤外線による熱を蓄え，身体を保温することができる．遠赤外線を反射させる別の方法に，アルミニウム微粉末を練り込んだ樹脂や金属蒸着，無電解めっきなどの技術で繊維表面をコーティングする加工もあるが，この場合は繊維自体が蓄熱せず，衣服の内側に熱を蓄えることで保温性を高める．一般的に遠赤外線による保温効果をうたう繊維製品は，先に述べた炭化ジルコニウムなどのセラミックス微粉末を繊維に練り込むかコーティングする方法を利用したものが多い．

[*21] 空気は繊維よりも熱を伝えにくいため，静止した空気層が衣服内に存在すると人体から放出される熱が逃げずに，保温性が高くなる．

サーモトロン® （ユニチカトレーディング）

太陽光による光エネルギーを熱に変換する機能性セラミック（炭化ジルコニウム）のミクロ粒子を，繊維の芯部分に練り込むことで，衣服内に熱を蓄え保温効果を発揮する（図5.15，5.16）．また，人体からの熱（遠赤外線）を反射し外に逃がさず身体を温める．この遠赤外線放射効果をさらに高めたサーモトロン・ラポジカ®もある．

---

d. 清涼・冷感加工

暑熱環境で身体を涼しく快適に保つためには，汗の蒸発を促し身体の熱を放出しやすくする必要がある．ということは，身体を覆う衣服はそれを

繊維1本1本に吸光熱変換性
セラミックが練り込まれている.

（吸光熱変換性セラミック）

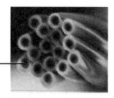

図5.15　サーモトロン®の構造

太陽光（近赤外線〜可視光線）を熱エネルギーに変換する

発生した熱エネルギーが, ウェアと人体との空間温度を
上昇させることにより保温効果を高める

図5.16　サーモトロン®による蓄熱保温のメカニズムと商品例

阻害する要因になってしまう. しかし, 私達は衣服を着用して生活をしな
ければならず, 太陽からの紫外線や熱線も遮蔽する必要がある[*22]. その
ため, 肌を覆う衣服材料に清涼感や冷感を求め, 夏物の衣服材料には比較
的熱を伝えやすい麻やレーヨンといった涼感素材が使用される. また,
2005年から地球温暖化への対策として, 夏季の装いの軽装化を推奨するク
ールビズが盛んになった. ノーネクタイやノージャケットに始まり, 次い
で衣服に清涼・冷感を付与する加工技術が発展し, 繊維に金属や吸熱物質
を固着または練り込んだ接触冷感素材が普及した. たとえば, セラミック
スは太陽光を遮蔽するため衣服内の温度上昇を抑制し, キシリトールは水
分を吸収すると吸熱反応を起こす作用によって, 肌から熱を奪い取ること
で冷感が得られる. そのほか, 肌の熱を外部に放出しやすくするために,
布表面を凹凸の多い構造にすることで, 肌との接点を少なくして通気性を
高め, 外部への放散を促す加工もある. また, 汗を素早く吸収し蒸発させ
る際に発生する気化熱[*23]を利用した接触冷感素材も多く開発されている.

*22 紫外線は体内のビ
タミンD生成に関与
しているが, 長時間浴
びすぎると, 日焼けや
シミ, そばかす, 皮膚
の老化, 皮膚がんの発
生にも影響する.

*23 液体が気体になる
ときに周囲の熱を奪う
気化熱を利用し, 体温
を奪うことで冷感効果
を得る.

ソフィスタ®（クラレトレーディング）

　鞘部分のエチレン−ビニルアルコール共重合体（EVOH）が素早く汗を吸収し, 芯部分の
ポリエステルが水を拡散して素早く汗を蒸発させる. このときの気化熱とEVOHの低い熱
伝導率による素早い熱移動が, 冷感効果をもたらす（図5.17, 5.18）.

図5.17　ソフィスタ®の電子顕微鏡写真

野球練習用のシャツ

消防職員用にデザインされたTシャツ

作務衣や和装の半襦袢

食品工場などで使用される
インナーキャップ

図5.18　暑熱予防が必要な場面で使用されているソフィスタ®

e. UVケア加工

　私達の皮膚は，紫外線を浴びるとメラニンが分泌され皮膚表面に沈着して日焼けを起こす．これは，紫外線による皮下組織への影響を防ごうとする皮膚の防御反応である．しかし，その効果は小さく，私達は皮膚を正常に維持するために，別の方法で紫外線から身体を防御する必要がある．

　衣服を着用することである程度の防御は可能になるが，繊維の種類や布の構造によっては完全に防ぐことはできない．そのため，紫外線を遮蔽するUVケア加工を施した衣服が普及している．その原理は化粧品の日焼け止めと同じく，紫外線散乱剤や紫外線吸収剤を使用している．紫外線を

散乱させるためには，酸化チタンやセラミックスなどの微粉末を繊維に練り込み，光の表面反射や散乱効果を利用する．光を透過しにくくなるため，熱線を遮蔽することによるクーリング効果や，可視光線を防ぐことで透けにくい素材にもなる．紫外線吸収剤は布への後加工で使用され，芳香族化合物などが紫外線を吸収すると熱エネルギーに変換して放出する性質を利用している．

　このような UV ケア加工は，スポーツウェアだけでなく日常的な衣服にも使われるようになった．しかし，布は織編構造による空隙があり，その空隙が多ければ加工をしていたとしても紫外線を遮蔽する効果は乏しくなる．そこで，衣服などの紫外線遮蔽効果を評価する方法に，紫外線遮蔽率測定と UPF 評価がある．紫外線遮蔽率測定は，JIS L 1925：2019 に繊維製品の紫外線遮蔽評価方法が定められており，生地に照射した紫外線の透過率から遮蔽率を算出した数値で示される．UPF 評価は，オーストラリア／ニュージーランド規格で，こちらは波長ごとの透過率から遮蔽率を算出する．JIS 規格においても，透過率を用いた計算式にもとづき UPF に換算し，表 5.5 のように UPF 格付け値として表すことができる．UPF 値は，波長による影響の違いを考慮して透過率に係数をかけて算出し，その UPF 値を示す衣服を着用して紫外線を浴びた場合に，衣服を着用しない場合と同程度の日焼けをするためにかかる時間の倍率で示される．近年は，UPF 値を明記し販売している衣服も多くなっている（図 5.19）．

［竹本由美子］

表 5.5　JIS 規格およびオーストラリア／ニュージーランド規格における UPF 値

JIS L 1925		AS/NZS4399：2017	
UPF 換算値	UPF 格付け値*	防護分類	UPF 等級
55 以上 50	UPF50 + UPF50	Excellent	50，50 +
45 40 35	UPF45 UPF40 UPF35	Good	30
30 25 20	UPF30 UPF25 UPF20	Minimum	15
15 10 以下	UPF15 UPF 適用外	—	—

*製品用途に応じて，UPF 格付け値及び／又は紫外線遮蔽率の実測値を適用する（JIS 規格では，AS/NZS4399:1996 をもとに UPF 値に換算して格付け値を設定）．

図 5.19　アパレル製品への UPF 表示例
左図アームカバー製品の表記にある「UPF50」とは，素肌の場合に同程度の紫外線の影響を受けるのに約 50 倍の時間を要する（紫外線の影響を受けにくい）ことを意味する．

参 考 文 献

クラレトレーディング，http://www.kuraray-trading.co.jp（最終閲覧：2019 年 9 月 9 日）

繊維学会 編（2004a）『第 3 版 繊維便覧』，丸善

繊維学会 編（2004b）『やさしい繊維の基礎知識』，日刊工業新聞社

東レリサーチセンター調査研究部門 編（2001）『新感覚・新機能性繊維』，東レリサーチセンター

日本化学会 企画・編集（2011）『衣料と繊維がわかる―驚異の進化―（化学のはたらきシリーズ 第 4 巻）』，東京書籍

日本化学繊維協会ウェブサイト：https://www.jcfa.gr.jp（最終閲覧：2019 年 9 月 9 日）

日本家政学会被服衛生学部会 編（2012）『アパレルと健康―基礎から進化する衣服まで―』，井上書院

日本産業標準調査会（2019）JIS L 1925「繊維製品の紫外線遮蔽評価方法」

日本繊維技術士センター 監修・著（2015）『知っておきたい繊維の知識 524』，ダイセン

日本繊維技術士センター 編（2016）『業界マイスターに学ぶ せんいの基礎講座』，繊維社

ユニチカトレーディング，https://www.unitrade.co.jp（最終閲覧：2019 年 9 月 9 日）

6 繊維製品の流通

　日本国内で製造する繊維製品は価格競争力を失い，大手企業は人件費の安さを求めて中国やASEANでの生産を余儀なくされた．そのため，国内で流通する繊維製品のほとんどが輸入品である．世界の繊維生産の推移，衣料品の輸出入の割合，国別輸入の割合，衣料品の国内供給量と平均単価の推移からわが国の繊維製品の現状をみてみる．

6.1　繊維製品の生産と消費

a. 世界の繊維の生産

　表6.1に世界の主要繊維の生産を，図6.1に世界の主要繊維の生産推移

表6.1　世界の主要繊維の生産

（単位：1,000 t）

年	全繊維	化学繊維			天然繊維			
		化学繊維計	合繊	セルロース	天然繊維計	綿	羊毛	絹
2013	86,768	59,165	54,368	4,796	27,603	26,280	1,163	160
2014	89,484	61,962	56,994	4,968	27,522	26,200	1,144	178
2015	86,144	63,305	58,164	5,141	22,839	21,480	1,157	202
2016	89,915	65,572	60,131	5,441	24,343	22,990	1,160	193
2017	94,771	67,994	62,409	5,585	26,777	25,430	1,163	184
2017/2016（%）	5.4	3.7	3.8	2.6	10.0	10.6	0.3	−4.7
2017の構成比（%）	100.0	71.7	65.9	5.9	28.2	26.8	1.2	0.2

綿，羊毛は季節年度．

[出典：日本化学繊維協会（2018）]

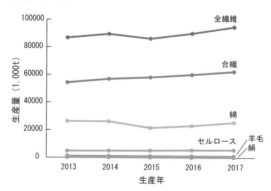

図6.1　世界の主要繊維の生産推移
[出典：日本化学繊維協会（2018）]

表6.2 主要国・地域の化学繊維生産 (2017 年)

(単位：1,000 t)

地域	ポリエステル			ナイロン S+F	アクリル S	合繊計	セルロース	化繊計	構成比 (%)
	S+F	フィラメント	ステープル						
日本	214	121	93	98	120	586	67	653	1.0
韓国	1,225	604	621	95	56	1,377	—	1,377	2.0
台湾	1,323	795	528	296	29	1,648	70	1,718	2.5
中国	39,342	30,093	9,249	3,466	666	44,382	3,818	48,200	70.9
ASEAN	2,655	1,443	1,212	153	129	2,936	631	3,567	5.2
インド	4,797	3,471	1,326	152	96	5,054	577	5,631	8.3
米国	1,310	645	665	553	—	1,974	18	1,992	2.9
西欧	1,071	524	547	385	477	1,997	381	2,379	3.5
世界計	53,847	38,264	15,583	5,594	1,697	62,409	5,585	67,994	100.0

S：ステープル，F：フィラメント

［出典：日本化学繊維協会 (2018)］

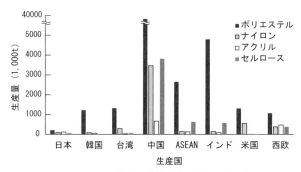

図 6.2　主要国・地域の化学繊維の生産量 (2017)
[出典：日本化学繊維協会 (2018)]

を示す．表 6.1 と図 6.1 から世界の繊維は，合成繊維と綿の生産量が増加している．とくに綿の 2017 年の生産量が前年より 10.6％増加している．

表 6.2 に主要国・地域の化学繊維生産 (2017) と図 6.2 に主要国・地域別の化学繊維の生産量 (2017) を示す．世界の化学繊維生産をみると中国は世界の生産量の 70.9％と圧倒的に多い．とくにポリエステルの生産量がずば抜けて多いが，ナイロン，セルロース繊維も伸びている．ポリエステルは，インド，ASEAN の生産も多くなっている．日本の生産は，セルロースが伸びているが，化学繊維全体としては減少している．

表 6.3 に世界主要国の綿花の生産量を，図 6.3 に世界主要国の綿花生産割合 (2017) を示す．天然繊維では綿の需要が多く，作付面積の拡大から増加傾向にある．最大の生産国は，インド，次いで中国，米国と続く．2016 から 2017 年の増加率は，米国が 19.5％と大幅に伸びている．

表6.3 世界主要国の綿花の生産量

(単位：1,000 t)

地域	2012年	2013年	2014年	2015年	2016年	2017年
インド	6,290	2,766	6,562	5,746	5,775	6,033
中国	7,600	7,000	6,600	5,200	4,900	5,246
米国	3,770	2,811	3,553	2,806	3,738	4,468
パキスタン	2,002	2,076	2,305	1,537	1,663	1,952
ブラジル	1,310	1,734	1,563	1,289	1,523	1,568
オーストラリア	1,018	885	528	629	960	997
ウズベキスタン	1,000	910	885	832	789	800
トルコ	745	688	720	640	703	792
その他	3,344	7,355	3,553	2,805	3,015	3,281
世界計	27,079	26,225	26,269	21,484	23,066	25,137

出所：ICAC（Cotton World Statistics）
日本化学繊維協会（2017），p.175

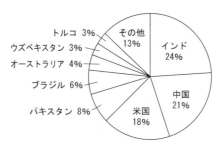

図6.3 世界主要国の綿花生産割合（2017）
[出典：日本化学繊維協会（2017）]

b. 衣料品の輸入と消費

　表6.4に国内衣料品供給に占める国内生産，輸入，輸出の割合および輸入浸透率を示す．国内生産は減少が続き，日本の輸入浸透率は，2003年に90％を突破し，2014年には97％を超えている．表6.5に2016年の国別アパレル輸入を示す．中国は数量で約68％，金額で約64％，平均単価は656円で全世界の701円より下回っている．ベトナムは数量で約11％，金額で約12％であるが，平均単価は789円と全世界より上回っている．これは中国が低価格から中・高価格までさまざまな価格帯の製品を生産しているのに対して，ベトナムは中・高級品の生産を強化していることが分かる．バングラデシュは，カットソーなどニット衣料で国際競争力がある．インドネシア，カンボジア，ミャンマーは，布帛製品の単価が中国より高い．手の込んだ製品の生産が多いためである．

　図6.4に衣料品国内供給量と平均単価の推移を示す．2016年の衣料品

表6.4　国内の衣料品供給に占める国内生産，輸入，輸出の割合および輸入浸透率

(単位：数量千点，カッコ内は前年比増減%，▼減)

年	国内生産	輸入	輸出	国内供給量	輸入浸透率(%)
2007	233,476（▼ 7.1）	3,716,516（ 0.1）	10,757（▼10.4）	3,939,235（▼0.3）	94.3
2008	213,251（▼ 8.7）	3,661,719（▼1.5）	8,795（▼18.2）	3,866,175（▼1.9）	94.7
2009	186,191（▼12.7）	3,747,858（ 2.4）	5,669（▼35.5）	3,928,380（ 1.6）	95.4
2010	167,196（▼10.2）	3,746,715（▼0.0）	6,090（ 7.4）	3,907,821（▼0.5）	95.9
2011	153,613（▼ 8.1）	3,937,314（ 5.1）	7,161（ 17.6）	4,083,766（ 4.5）	96.4
2012	149,977（▼ 2.4）	3,869,993（▼1.7）	5,287（▼26.2）	4,014,683（▼1.7）	96.4
2013	135,660（▼ 9.5）	3,999,471（ 3.3）	4,569（▼13.6）	4,130,562（ 2.9）	96.8
2014	121,677（▼10.3）	3,774,126（▼5.6）	5,022（ 9.9）	3,890,781（▼5.8）	97.0
2015	109,018（▼10.4）	3,567,712（▼5.5）	5,740（ 14.3）	3,670,990（▼5.6）	97.2
2016	107,024（▼ 1.8）	3,622,889（ 1.5）	6,307（ 9.9）	3,723,606（ 1.4）	97.3

※国内供給量は(国内生産＋輸入－輸出)で算出，輸入浸透率は{輸入量÷(国内生産＋輸入－輸出)×100}で算出，生産は経済産業省の繊維統計，輸入は財務省の通関統計による．
[出典：繊研新聞社 (2018)]

表6.5　2016年の国別アパレル輸入

(単位：上段数量千点，下段金額百万円，平均単価は円，カッコ内前年比増減%，▼減)

	ニット製衣類	平均単価	布帛製衣類	平均単価	合　計	平均単価
中国	1,677,916（ ▼3.5）	503	791,584（ ▼2.4）	981	2,469,500（ ▼3.2）	656
	843,663（▼17.5）	（▼14.5）	776,327（▼16.2）	（▼14.1）	1,619,990（▼16.9）	（▼14.1）
ベトナム	263,085（ 12.2）	556	132,050（ 6.9）	1,255	395,135（ 10.4）	789
	146,171（ 0.2）	（▼10.7）	165,694（ ▼3.1）	（▼9.4）	311,865（ ▼1.6）	（▼10.9）
バングラデシュ	145,099（ 40.9）	344	57,469（ 11.4）	828	202,568（ 31.1）	481
	49,932（ 19.7）	（▼15.1）	47,604（ ▼5.2）	（▼14.9）	97,536（ 6.1）	（▼19.0）
インドネシア	71,070（▼4.4）	576	55,196（ ▼0.2）	902	126,266（ ▼2.6）	718
	40,920（▼14.2）	（▼10.2）	49,789（ ▼7.7）	（▼7.5）	90,709（▼10.7）	（ ▼8.3）
カンボジア	75,165（ 46.7）	487	50,073（ 15.2）	998	125,238（ 32.2）	691
	36,581（ 26.1）	（▼14.1）	49,984（ 7.6）	（▼6.6）	86,565（ 14.7）	（▼13.3）
タイ	64,500（ 1.3）	452	18,056（ 8.1）	419	82,556（ 2.7）	445
	29,176（ ▼1.7）	（▼2.9）	7,574（▼16.3）	（▼22.5）	36,750（ ▼5.1）	（ ▼7.6）
ミャンマー	25,654（ 91.4）	460	52,317（ 9.3）	1,102	77,971（ 27.3）	891
	11,811（ 52.6）	（▼20.3）	57,648（ 24.1）	（ 13.5）	69,459（ 28.2）	（ 0.7）
インド	9,644（ 4.6）	448	24,442（ ▼1.9）	759	34,086（ ▼0.1）	671
	4,320（ ▼7.7）	（▼11.8）	18,540（ ▼9.2）	（▼7.4）	22,860（ ▼8.9）	（ ▼8.8）
韓国	23,198（▼11.2）	219	1,500（ 16.7）	1,395	24,698（ ▼9.8）	290
	5,071（▼13.4）	（▼2.5）	2,092（ ▼7.5）	（▼20.8）	7,163（▼11.7）	（ ▼2.1）
イタリア	1,934（ ▼7.7）	12,210	2,111（ ▼3.5）	21,143	4,045（ ▼5.5）	16,872
	23,615（ ▼4.9）	（ 3.0）	44,633（ ▼2.6）	（ 0.9）	68,248（ ▼3.4）	（ 2.2）
米国	2,201（▼12.9）	1,980	1,086（▼16.1）	6,108	3,287（▼14.0）	3,344
	4,358（▼19.2）	（▼7.2）	6,633（▼28.8）	（▼15.2）	10,991（▼25.5）	（▼13.1）
全世界	2,416,978（ 2.1）	514	1,205,873（ 0.5）	1,076	3,622,851（ 1.5）	701
	1,242,278（▼12.2）	（▼14.0）	1,297,897（▼12.0）	（▼12.4）	2,540,175（▼12.1）	（▼13.4）

[出典：繊研新聞社 (2018)]

の市場への供給量は 37 億 2,360 万点で，前年比 1.4%増加した．過去 10 年間をみると，2013 年の 41 億点をピークに減少している．これは，ファッションの低価格化が進んだためである．低価格化が進んだ理由は，2010 年から2013 年まで為替相場が円高で 1 ドル80〜90 円台であったことや，人件費の安い海外生産により，価格を引き下げ

図 6.4 衣料品国内供給量と平均単価の推移
[出典：繊研新聞社（2019）]

ることができたためである．その後，為替相場が少し円安になり，生産コストが上昇し，消費税も上がり，服が売れなくなった．しかし，2016 年は為替が少し円高になり，平均単価も前年より低下し，供給量が若干回復している．

[平井郁子]

参 考 文 献

繊研新聞社 編（2018）『業界構造丸わかりファッションビジネスガイド 2019』，繊研新聞社
繊研新聞社 編（2019）『FASHION BUSINESS DATA BANK2018』，繊研新聞社
日本化学繊維協会 編（2017）『繊維ハンドブック 2018』，日本化学繊維協会資料分布会
日本化学繊維協会（2018）『内外の化学繊維生産動向（2017)』，日本化学繊維協会資料頒布会

6.2 環境への取組み

6.2.1 繊維製品の廃棄とリサイクル

　衣服を中心とした廃棄される繊維製品には，企業から排出される在庫品，制服やユニフォーム，繊維くずなどと，家庭から排出される衣服などがある．衣服（繊維製品）を処分する場合には，何らかの形で再利用するケースとゴミとして廃棄するケースの 2 つがある．

a. 衣服のリサイクルの現状と問題点
①繊維製品のリサイクル率
　中小企業基盤整備機構の「繊維製品 3R 関連事業」報告書（2010）によると，実際に廃棄される繊維製品全体の排出量は 171.3 万 t にもなる．その内訳は図 6.5 に示すように衣料品が 55%で半分以上を占め，インテリア製品のカーペットが 19%，カーテンが 2%で，タオルが 9%，布団が 15%となっている．このように大量に排出された繊維製品は，資源としてどの程度，活用されているのだろうか．報告書のデータにもとづき各繊維製品のリサイクル率などをグラフにして図 6.6 に示す．繊維製品全体のリサイクル率は 9.5%，リユース率は 10.0%，リペア率は 2.6%で合計 22%程度で

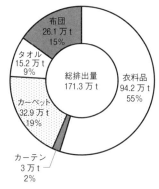

図6.5　繊維製品の排出量
[中小企業基盤整備機構（2010）より作成]

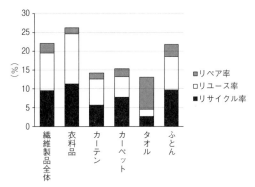

図6.6　繊維製品の3R率
[中小企業基盤整備機構（2010）より作成]

ある．衣料品でみるとそれぞれ11.3%, 13.4%, 1.6%で合計26%程度となり，ほかの繊維製品と比較すれば高い数値を示している．しかし，紙・板紙の古紙利用率は約64%，古紙の回収率は80%を超え，ペットボトルのリサイクル率は約86%，アルミ缶は約87%，スチール缶は約93%といずれも非常に高く，衣服をはじめとする繊維製品のリサイクルがあまり進んでいないことが分かる．

②繊維製品のリサイクルの難しさ

繊維製品も素材が判明しており，単一で異物の混入などもなければ，リサイクルは技術的にはある程度容易といえる．しかし，現在の衣服は2種類以上の繊維を混用している製品が多く，染色や加工もさまざまな方法で施されている．また，繰り返し洗濯などで組成表示が薄くなってしまうと，どのような繊維が混ざっているのかが分からない．さらに，ボタンやファスナー，芯地，裏地などさまざまな副資材が使われている．このように，衣服は複雑な構造であるために，リサイクルを困難にしている．実際に繊維製品をリサイクルするにはコストがかかり，安い輸入製品とでは経済的に競争にならない．

b. 回収後の不要衣服（古着）の流れとリサイクル

家庭や事業者から排出された古着の回収は，専門の回収業者（故繊維業者）によって行われる．回収された古着は服種別に分別され，下記の3つの方法で利用されるが，ここで使われなかったものは廃棄処分となる．

ⅰ）中古衣料として国内あるいは海外に出荷される（リユース）．日本人と体型が似ていることから，おもに東南アジアへ輸出される．日本の下着は品質が良いとされ，人気が高い[*1]．

ⅱ）工場などで機械の油汚れを拭き取るウエスにされる．汚れが目立ち，汚れをよく吸収するので，綿の白色のメリヤス素材が高級品であ

[*1] 近年，東南アジアの経済発展にともない，需要は落ちている．

る*2.

ⅲ）反毛*3して，ぬいぐるみや座布団などの中綿に，フェルトにして自動車の断熱材に，糸にして軍手などに再生する*4.

c. 企業による回収からのリユース，リサイクル

個人の消費者が店頭に持ち込み，回収あるいは下取りをしてもらうケースと，繊維メーカーが中心となって回収とリサイクルを進めるケースがある.

アパレルメーカーや百貨店・量販店などの流通企業では，回収した古着を難民・避難民や災害被災者に寄付をしたり，バイオエタノールへリサイクルしたりなど，さまざまな取組みがされている. 繊維メーカーでは，循環型リサイクルシステムを作り，ポリエステルやナイロンのマテリアルリサイクル*5やケミカルリサイクル*6を行っている.

6.2.2　SDGs とエシカルファッション

衣服の廃棄は1つの社会問題でもあり，大量に生産された衣服は一度も袖を通されることなく処分されている. 多くのアパレルメーカーはそのブランド価値を守るため，服の焼却処分を行っている. 一方，ファストファッションの裏に隠された低賃金・長時間労働などの現状も，2013年4月にバングラデシュのダッカ近郊で起きたビルの倒壊事故をきっかけに注目されるようになった. また，海洋プラスチックについては，排液から生じるポリエステルなどの合成繊維のマイクロファイバーが問題となっている.

このような中，2015年9月に国連サミットで，「持続可能な開発のための2030アジェンダ」が採択された. 2016年から2030年までの，この目標が17のゴールと169のターゲットからなる「持続可能な開発目標（SDGs）」である（図6.7）. 繊維産業，アパレル産業においても急速にSDGsを意識してきており，とくにゴール12の「つくる責任，つかう責任」を視野に入れ，各社，CSR（corporate social responsibility：社会的責任）やCSV（creating shared value：共有価値の創造）に取り組んでいる.

近年，エシカルファッションということばをよく耳にする. エシカル（ethical）とは，"倫理的な"，"道徳上の"という意味で，エシカルファッションは環境や社会に配慮して生産，流通されているファッション商品のことである. たとえば，素材は発展途上国で生産されたオーガニックコットン*7やリサイクルコットンなどを使う，天然繊維で染色する，製品は適正な労働条件と賃金にもとづくフェアトレードされたものであるなど，良心や良識を大切にしており，SDGsの理念とも一致した取組みである.

[松梨久仁子]

*2 ウエスの出荷は，工場の海外移転，紙ウエスの使用が増えたことで年々減っている.

*3 布を機械でほぐして綿状にする.

*4 ぬいぐるみや軍手の生産拠点も中国に移り，自動車の生産量が減っていることもあり，反毛も減少している.

*5 機械的，熱的に繊維製品や樹脂加工品として再利用する. ウエスと反毛，ペットボトルからのリサイクルなどはマテリアルリサイクルである.

*6 合成繊維を原料のモノマーまで戻し，再度ポリマーを製造する.

*7 オーガニックコットンとは，オーガニックの農地として認証された農地で，農薬や肥料の厳しい基準を守って栽培された遺伝子組み換えではない綿花のこと. さらに，紡績から製品に至るまでの製造工程においても，そのトレーサビリティが把握されたものでなくてはならない. 綿栽培において問題となるのは，散布される大量の農薬である. 綿栽培の労働者の健康被害を最小限に抑え，土壌汚染などの環境への配慮がオーガニックコットン栽培の目的である.

図 6.7　SDGs 17 の目標
[出典：外務省ホームページ]

参 考 文 献

外務省 HP
中小企業基盤整備機構（2010）『繊維製品 3R 関連調査事業』報告書
日本繊維機械学会繊維リサイクル研究会回収分別分科会 編（2012）『循環型社会と繊維～衣料品リサイクルの現在，過去，未来～』,

6.3　繊維製品の品質表示

　繊維製品の品質表示には，家庭用品品質表示法における対象品目の表示（繊維の組成，家庭洗濯等取扱方法，はっ水性），不当景品類及び不当表示防止法における表示（原産国表示），消費生活用製品安全法における表示（安全マーク：PS-C マーク），消防法における防炎物品の表示（防炎マーク），工業標準化法における適合品の表示（JIS マーク），そのほか（G マーク，ウールマークなど）多くの品質表示がある．ここでは，家庭用品品質表示法における表示（繊維の組成，家庭洗濯等取扱方法，はっ水性）と不当景品類及び不当表示防止法における表示（原産国表示）について述べる．

　a. 家庭用品品質表示法（2009 年 9 月 1 日より所管が経済産業省から消費者庁に移管された）
　家庭用品品質表示法（家表法）は，1962 年に家庭用品の品質に関する表示の適正化を図り，一般消費者の利益を保護することを目的に制定された．繊維製品については，繊維製品品質表示規定（平成 29 年 3 月 31 日に改正された家庭用品品質表示法に基づく家庭用品品質表示法施行規則及び繊維製品品質表示規定）で定められている．繊維製品の表示対象品目と表示事項を表 6.6 に示す．

表6.6　対象品目と表示事項

品目		表示事項			付記事項[1]
		繊維の組成	家庭洗濯等取扱い方法	はっ水性	表示者名及び連絡先
1.糸[2]		○	—		○
2.織物，ニット生地及びレース生地（上記1に掲げる糸を製品の全部又は一部に使用して製造したものに限る）		○	—	—	○
3.衣料品等[3]	コート｜特定織物[4]のみを表生地に使用した和装用のもの	○[5]	—	○[6]	○
	コート｜その他のもの	○[5]	○	○[6]	○
	セーター	○	○	—	○
	シャツ	○	○	—	○
	ズボン	○	○	—	○
	水着	○	○	—	○
	ドレス及びホームドレス	○	○	—	○
	ブラウス	○	○	—	○
	スカート	○	○	—	○
	事務服及び作業服	○	○	—	○
	上衣	○[5]	○	—	○
	子供用オーバーオール及びロンパース	○	○	—	○
	下着｜繊維の種類が1種類の物｜な染加工品	○	○	—	○
	下着｜繊維の種類が1種類の物｜その他のもの	○	—	—	○
	下着｜特定織物[4]のみを表生地に使用した和装用のもの	○	—	—	○
	下着｜その他の物	○	○	—	○
	寝衣	○	○	—	○
	羽織及び着物｜特定織物[4]のみを表生地に使用した和装用のもの	○	—	—	○
	羽織及び着物｜その他のもの	○	○	—	○
	靴下	○	—	—	○
	手袋	○	—	—	○
	帯	○	—	—	○
	足袋	○	—	—	○
	帽子（上記に掲げる糸を製品の全部又は一部に使用して製造したものに限る）	○	○	—	○
	ハンカチ	○	—	—	○
	マフラー，スカーフ及びショール	○	○	—	○
	風呂敷	○	—	—	○
	エプロン及びかっぽう着	○	○	—	○
	ネクタイ	○	—	—	○
	羽織ひも及び帯締め	○	—	—	○
	床敷物（パイルのあるものに限る）	○	—	—	○
	毛布	○	○	—	○
	膝掛け	○	○	—	○
	上掛け（パイル製のものに限る）	○	○	—	○
	布団カバー	○	○	—	○
	敷布	○	○	—	○
	布団	○	○	—	○
	カーテン	○	○	—	○
	テーブル掛け	○	—	—	○
	タオル及び手拭い	○	—	—	○
	ベッドスプレッド，毛布カバー及び枕カバー	○	○	—	○

＊1．品質表示の内容を分離して表示を行う場合には，それぞれに表示者名等の付記が必要である．
＊2．糸の全部又は一部が綿，麻（亜麻及び苧麻に限る），毛，絹，ビスコース繊維，銅アンモニア繊維，アセテート繊維，ナイロン繊維，ポリエステル系合成繊維，ポリウレタン系合成繊維，ガラス繊維，ポリエチレン系合成繊維，ビニロン繊維，ポリ塩化ビニリデン系合成繊維，ポリ塩化ビニル系合成繊維，ポリアクリルニトリル系合成繊維又はポリプロピレン系合成繊維であるものに限る．
＊3．上記に掲げる糸や上記に掲げる織物，ニット生地又はレース生地を製品の全部又は一部に使用して製造し又は加工した繊維製品（電気加熱式のものを除く）に限る．

＊4．「特定織物」とは，組成繊維中における絹の混用率が50％以上の織物又はたて糸若しくはよこ糸の組成繊維が絹のみの織物をいう．
＊5．詰物を使用しているものについては，表生地，裏生地及び詰物（ポケット口，肘，衿等の一部に衣服の形状を整えるための副資材として使用されている物を除く）を表示する．
＊6．「はっ水性」の表示は，レインコート等はっ水性を必要とするコート以外の場合は必ずしも表示する必要はない．

綿	85%
レーヨン	
ナイロン	15%未満

○○××株式会社
東京都千代田区○○町×番地
TEL 03-9999-9999

表地　ナイロン	100%
裏地　ポリエステル	100%

○○××株式会社
東京都千代田区○○町×番地
TEL 03-9999-9999

図6.8　表示例（組成表示）

①繊維の組成

糸，生地，製品のすべて（わたは指定品目外）について繊維の組成を表示する．繊維の組成を表示する場合は，繊維の名称を指定用語（表6.7）で示し，繊維ごとの質量割合を％で表示する（図6.8）．組成の異なる2種以上の糸，または生地を用いる場合は，それぞれ分離して表示する分離表示を認めている．

②家庭洗濯等取扱方法

家庭洗濯等取扱方法の表示は，JIS L 0001（繊維製品の取扱いに関する表示記号及びその表示方法）に規定する記号を用いて表示する（表6.8）．

表示方法は，5つの基本記号（表記順：洗濯，漂白，タンブル乾燥，自然乾燥，アイロン仕上げ，ドライクリーニング，ウエットクリーニング）および基本記号と組み合わせて用いるいくつかの付記用語で構成される．また，規定している5つの基本記号のいずれかが記載されていないときは，その記号によって意味しているすべての処理が可能となる（表6.8）．

③はっ水性

はっ水性を必要とするレインコートなどの繊維製品に表示することができる．表示は繊維製品の表生地について
JIS L 1092（繊維製品の防水性試験方法）の中で規定する処理を行った上で，同規格に規定する試験を行い，規定する水準以上のはっ水度を有するときに「はっ水（水をはじきやすい）」または「撥水（水をはじきやすい）」の用語を用いて表示することができる（図6.10）．

④表示者及び連絡先

表示には，表示者の「氏名または名称」および「住所または電

綿　　100%

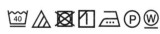

○○××株式会社
東京都千代田区○○町×番地
TEL 03-9999-9999

図6.9　表示例（家庭洗濯等取扱方法）

はっ水
（水をはじきやすい）

○○××株式会社
東京都千代田区○○町×番地
TEL 03-9999-9999

図6.10　表示例（はっ水性）

表6.7　繊維の指定用語

分類	繊維等の種類		指定用語（表示名）
植物繊維	綿		綿
			コットン
			cotton
	麻	亜麻	麻
			亜麻
			リネン
		苧麻	麻
			苧麻
			ラミー
	上記以外の植物繊維		「植物繊維」の用語にその繊維の名称を示す用語又は商標を括弧を付して付記したもの（ただし、括弧内に用いることのできる繊維の名称を示す用語又は商標は一種類に限る.）
動物繊維	毛	羊毛	毛
			羊毛
			ウール
			WOOL
		モヘヤ	毛
			モヘヤ
		アルパカ	毛
			アルパカ
		らくだ	毛
			らくだ
			キャメル
		カシミヤ	毛
			カシミヤ
		アンゴラ	毛
			アンゴラ
		その他のもの	毛
			「毛」の用語にその繊維の名称を示す用語又は商標を括弧を付して付記したもの（ただし、括弧内に用いることのできる繊維の名称を示す用語又は商標は一種類に限る.）
	絹		絹
			シルク
			SILK
	上記以外の動物繊維		「動物繊維」の用語にその繊維の名称を示す用語又は商標を括弧を付して付記したもの（ただし、括弧内に用いることのできる繊維の名称を示す用語又は商標は一種類に限る.）

分類	繊維等の種類		指定用語（表示名）
再生繊維	ビスコース繊維	平均重合度が450以上のもの	レーヨン
			RAYON
			ポリノジック
		その他のもの	レーヨン
			RAYON
	銅アンモニア繊維		キュプラ
	上記以外の再生繊維		「再生繊維」の用語にその繊維の名称を示す用語又は商標を括弧を付して付記したもの（ただし、括弧内に用いることのできる繊維の名称を示す用語又は商標は一種類に限る.）
半合成繊維	アセテート繊維	ヒドロキシ基の92%以上が酢酸化されているもの	アセテート
			ACETATE
			トリアセテート
		その他のもの	アセテート
			ACETATE
	上記以外の半合成繊維		「半合成繊維」の用語にその繊維の名称を示す用語又は商標を括弧を付して付記したもの（ただし、括弧内に用いることのできる繊維の名称を示す用語又は商標は一種類に限る.）
合成繊維	ナイロン繊維		ナイロン
			NYLON
	ポリエステル系合成繊維		ポリエステル
			POLYESTER
	ポリウレタン系合成繊維		ポリウレタン
	ポリエチレン系合成繊維		ポリエチレン
	ビニロン繊維		ビニロン
	ポリ塩化ビニリデン系合成繊維		ビニリデン
	ポリ塩化ビニル系合成繊維		ポリ塩化ビニル
	ポリアクリロニトリル系合成繊維	アクリロニトリルの質量割合が85%以上のもの	アクリル
		その他のもの	アクリル系
	ポリプロピレン系合成繊維		ポリプロピレン
	ポリ乳酸繊維		ポリ乳酸
	アラミド繊維		アラミド

分類	繊維等の種類	指定用語（表示名）
合成繊維	上記以外の合成繊維	「合成繊維」の用語にその繊維の名称を示す用語又は商標を括弧を付して付記したもの（ただし、括弧内に用いることのできる繊維の名称を示す用語又は商標は一種類に限る.）
無機繊維	ガラス繊維	ガラス繊維
	金属繊維	金属繊維
	炭素繊維	炭素繊維
	上記以外の無機繊維	「無機繊維」の用語にその繊維の名称を示す用語又は商標を括弧を付して付記したもの（ただし、括弧内に用いることのできる繊維の名称を示す用語又は商標は一種類に限る.）
羽毛	ダウン	ダウン
	その他のもの	フェザー
		その他の羽毛
分類外繊維	上記各項目に掲げる繊維等以外の繊維	「分類外繊維」の用語にその繊維の名称を示す用語又は商標を括弧を付して付記したもの（ただし、括弧内に用いることのできる繊維の名称を示す用語又は商標は一種類に限る.）

備考　左欄の分類が明らかで、かつ、種類が不明である繊維については、その繊維の名称を示す用語又は商標を省略することができる.

※　複合繊維の名称を示す場合には、「複合繊維」の用語の後に1種類以上、3種類までのポリマーの名称を示す用語等（全てのポリマーの名称が前の表の右欄に掲げる指定用語（「上記以外の無機繊維」又は「上記以外の再生繊維」、「上記以外の半合成繊維」、「上記以外の合成繊維」、「上記以外の無機繊維」又は「上記各項目に掲げる繊維等以外の繊維」に該当する指定用語を除く.）に当たる場合は、それ以外の場合は複合繊維の名称を示す「商標」又は「指定用語及びポリマーの名称を示す用語」）を表示する（繊維規定第6条第2項）.

表6.8 洗濯表示記号

表1 洗濯処理

番号	記号	記号の意味
190		・液温は95℃を限度とし、洗濯機で洗濯ができる
170		・液温は70℃を限度とし、洗濯機で洗濯ができる
160		・液温は60℃を限度とし、洗濯機で洗濯ができる
161		・液温は60℃を限度とし、洗濯機で弱い洗濯ができる
150		・液温は50℃を限度とし、洗濯機で洗濯ができる
151		・液温は50℃を限度とし、洗濯機で弱い洗濯ができる
140		・液温は40℃を限度とし、洗濯機で洗濯ができる
141		・液温は40℃を限度とし、洗濯機で弱い洗濯ができる
142		・液温は40℃を限度とし、洗濯機で非常に弱い洗濯ができる
130		・液温は30℃を限度とし、洗濯機で洗濯ができる
131		・液温は30℃を限度とし、洗濯機で弱い洗濯ができる
132		・液温は30℃を限度とし、洗濯機で非常に弱い洗濯ができる
110		・液温は40℃を限度とし、手洗いができる
100		・家庭での洗濯禁止

表2 漂白処理

番号	記号	記号の意味
220		・塩素系及び酸素系の漂白剤を使用して漂白ができる
210		・酸素系漂白剤の使用はできるが、塩素系漂白剤は使用禁止
200		・塩素系及び酸素系漂白剤の使用禁止

表3 タンブル乾燥

番号	記号	記号の意味
320		・タンブル乾燥ができる（排気温度上限80℃）
310		・低い温度でのタンブル乾燥ができる（排気温度上限60℃）
300		・タンブル乾燥禁止

表4 自然乾燥

番号	記号	記号の意味
440		・つり干しがよい
445		・日陰のつり干しがよい
430		・ぬれつり干しがよい
435		・日陰のぬれつり干しがよい
420		・平干しがよい
425		・日陰の平干しがよい
410		・ぬれ平干しがよい
415		・日陰のぬれ平干しがよい

※ぬれ干しとは、洗濯機による脱水や、手でねじり絞りをしないで干すことです。

表5 アイロン仕上げ

番号	記号	記号の意味
530		・底面温度200℃を限度としてアイロン仕上げができる
520		・底面温度150℃を限度としてアイロン仕上げができる
510		・底面温度110℃を限度としてアイロン仕上げができる
500		・アイロン仕上げ禁止

表6 ドライクリーニング

番号	記号	記号の意味
620		・パークロロエチレン及び石油系溶剤によるドライクリーニングができる
621		・パークロロエチレン及び石油系溶剤による弱いドライクリーニングができる
610		・石油系溶剤によるドライクリーニングができる
611		・石油系溶剤による弱いドライクリーニングができる
600		・ドライクリーニング禁止

表7 ウエットクリーニング※

番号	記号	記号の意味
710		・ウエットクリーニングができる
711		・弱い操作によるウエットクリーニングができる
712		・非常に弱い操作によるウエットクリーニングができる
700		・ウエットクリーニング禁止

※ウエットクリーニングとは、クリーニング店が特殊な技術で行うプロの水洗いと仕上げまで含む洗濯です。

付記用語について

記号で表せない取扱情報は、必要に応じて、記号を並べて表示した近くに用語や文章で付記されます。（事業者の任意表示）

考えられる付記用語の例：**「洗濯ネット使用」「裏返しにして洗う」「弱く絞る」「あて布使用」** など

話番号」を付記（表示事項に近接して記載）することが必要である．また，品質表示の内容（繊維の組成，家庭洗濯等取扱方法，はっ水性）を分離して表示を行う場合は，それぞれに表示者名などを付記する必要がある（図6.8～6.10）．

b. 不当景品類及び不当表示防止法（2009年9月1日より所管が公正取引委員会から消費者庁に移管された）

　不当景品類及び不当表示防止法（景品表示法）は，公正な競争を確保し消費者の利益を保護することを目的に1962年法律134号として制定された．商品の原産国の表示については，景品表示法の「商品の原産国に関する不当な表示」（1973年公正取引委員会告示第34号）において一定の基準が決められている．

　この告示で原産国とは，その商品の内容について実質的な変更をもたらす行為が行われた国（表6.9）をいう．商品の原産地が一般に国名よりも地名で知られているため，その商品の原産地を国名で表示することが適切でない場合は，その原産地を原産国とみなすとしている．

【商品の原産国に関する不当な表示】
ア．国内で生産された商品について，その商品が国内で生産されたことを一般消費者が判別することが困難であると認められたもの
　（1）外国の国名，地名，国旗，紋章その他これらに類するものの表示

表6.9　商品の内容について実質的な変更をもたらす行為

品目		実質的な変更をもたらす行為
衣料品	織物	染色しないもの及び製織前に染色するものにあっては製織．製織後染色するものにあっては染色．但し，製織後染色する和服用絹織物のうち，小幅着尺または羽尺地にあっては製織および染色． （注）「小幅着尺または羽尺地」には，小幅着尺および羽尺地が連続したもの，小幅着尺または羽尺地がそれぞれ2以上連続したもの，その他小幅着尺または羽尺地より丈の長いものであって，これらと同様に供せられるものを含む．
	エンブロイダリーレース	刺しゅう
	下着 寝着 外衣（洋服，婦人子供服，ワイシャツ等） 帽子 手袋	縫製
	ソックス	編立

○ SHIRT New York デザイン　米　国 製　造　日　本	○ ニューヨーク SOCKS この製品は、米国 W社のデザインに より（株）山本屋 が製造しました。	○ HANDSOME デザイン　英　国 製　造　（株）山本屋	○ *Pierre* *Cardin* この製品は、ピエー ルカルダンのデザイ ンにより（株）山本 屋が製造しました。

図 6.11　原産国の不当な表示に該当しない表示例

（2）外国の事業者またはデザイナーの氏名，名称または商標の表示

（3）文字による表示の全部または主要部分が外国の文字で示されている表示

イ．外国で生産された商品について，その商品がその原産国で生産されたものであることを一般消費者が判別することが困難であると認められたもの

（1）外国の国名，地名，国旗，紋章その他これらに類するものの表示

（2）外国の事業者またはデザイナーの氏名，名称または商標の表示

（3）文字による表示の全部または主要部分が和文で示されている表示

　また，告示に掲げるような表示でも，図6.11のような方法で国産品である旨が明示されるものは，不当な表示に該当しない．　　　　　［平井郁子］

参 考 文 献

消費者庁（2017）『家庭用品品質表示法ガイドブック』，pp.1-4，9-34，110-115，消費者庁
消費者庁（2017）『家庭用品品質表示法ハンドブック』，pp.1-7，消費者庁
消費者庁ホームページ：原産国表示
　http://www.caa.go.jp/representation/keihyo/hyoji/kokujigensan.html
日本衣料管理協会刊行委員会 編（2018）『改訂衣生活のための消費科学』pp.30-39，日本衣料管理協会

単位換算表

	gf/D	kgf/mm^2	GPa	cN/dtex
gf/D	1	$\rho \times 9.0$	$\rho \times 0.0083$	0.8826
kgf/mm^2	$0.111/\rho$	1	9.803×10^{-3}	$0.098/\rho$
GPa	$11.33/\rho$	102	1	$10/\rho$
cN/dtex	1.1133	$\rho \times 10.2$	$\rho \times 0.1$	1

注) 1 デニール（d）＝10/9 dtex（デシテックス）
ρ：繊維の密度（単位：g/cm^2）
表の使い方：例えば，gf/D を cN/dtex に換算するには0.8826倍する.
すなわち，1 gf/d ＝0.8826 cN/dtex となる.

繊維性能表

繊維／性能		引張強さ (cN/dtex)		乾湿強力比 (%)	伸び率 (%)	初期引張抵抗度（見かけヤング率）	比重	公定水分率 (%)	熱の影響		耐候性（屋外暴露の影響）
		乾燥	湿潤		乾燥				軟化点	溶解点	
綿		2.6〜4.3	2.9〜5.6	102〜110	3〜7	60〜82	1.54	8.5	235℃で分解 275〜456℃で燃焼		強度低下し，黄変の傾向あり
麻		5.7	6.8	108	1.5〜2.3	132〜234	1.50	12.0	綿と同様	軟化・溶解しない	強度低下し，黄褐色となる
毛		0.9〜1.5	0.67〜1.44	76〜96	25〜35	10〜22	1.32	15.0	130℃で熱分解 205℃で焦げる		強度低下し，染色性やや低下
絹		2.6〜3.5	1.9〜2.5	70	15〜25	44〜88	1.33	11.0 (生糸)	120℃ 5時間で黄変150℃で分解		強度低下著しい
レーヨン	f	1.5〜2.0	0.7〜1.1	45〜55	18〜24	57〜75	1.50〜1.52	11.0	軟化・溶解しない 260〜300℃で着色分解し始める		強度やや低下する
	s	2.5〜3.1	1.4〜2.0	60〜65	16〜22	26〜62					
ポリノジック	s	3.1〜4.6	2.3〜3.7	70〜80	7〜14	62〜97	1.50〜1.52	11.0	レーヨンに同じ		レーヨンに同じ
キュプラ	f	1.6〜2.4	1.0〜1.7	55〜70	10〜17	44〜66	1.50	11.0	レーヨンに同じ		レーヨンに同じ
アセテート	f	1.1〜1.2	0.6〜0.8	60〜64	25〜35	26〜40	1.32	6.5	200〜230℃	260℃	強度殆ど低下しない
トリアセテート	f	1.1〜1.2	0.7〜0.9	67〜72	25〜35	26〜40	1.30	3.5	250℃以上	300℃	強度殆ど低下しない
ナイロン	f	4.2〜5.6	3.7〜5.2	84〜92	28〜45	18〜40	1.14	4.5	180℃	215〜220℃	強度やや低下し，わずかに黄変する
ポリエステル	f	3.8〜5.3	3.8〜5.3	100	20〜32	79〜141	1.38	0.4	238〜240℃	255〜260℃	強度殆ど低下しない
	s	4.1〜5.7	4.1〜5.7	100	20〜50	22〜62					強度殆ど低下しない

酸の影響	アルカリの影響	他の化学製品の影響	溶剤の影響	染色性	虫・カビの影響
熱希酸，冷濃酸で分解．希酸には影響なし	水酸化 Na で膨潤（マーセル化）するが損傷しない	次亜塩素酸塩，過酸化物により漂白．銅アンモニア液により膨潤または分解	一般に不溶	反応，直接，バット，ナフトール，硫化バット，硫化染料で染まる．顔料でも染まる	虫には十分抵抗性あり，カビに侵される（漂白，アセチル化したもの良好）
硫酸で淡黄色となる．濃硫酸で膨潤する．	膨潤するが損傷しない	酸化剤に対する抵抗性が弱い	一般に不溶	反応，直接，バット，ナフトール，硫化バット，硫化染料	虫には抵抗性あり，カビに侵される
熱硫酸により分解．強酸，弱酸には過熱しても抵抗性あり	強アルカリにより分解，弱アルカリにより侵される．冷希アルカリ中でかきまぜることにより縮充	過酸化物あるいは亜硫酸ガスにより漂白	一般に不溶	酸性，1・1含金，1・2含金，クロム媒染	虫に侵されるが，カビには抵抗性あり
熱硫酸により分解．他の酸に対する抵抗性は羊毛より若干低い	セリシンは容易に溶解し，フィブロインの一部も侵される．羊毛より若干良好	過酸化物あるいは亜硫酸ガスにより漂白	一般に不溶	酸性，酸性媒染，金属錯塩，反応，塩基性染料	カビには抵抗性があるが，虫には綿より弱い
熱希酸，冷濃酸により強さ低下し，さらに分解するが，5％塩酸，11％硫酸では強さは殆ど低下しない	強アルカリにより膨潤し強さ低下するが，2（4.5？）％水酸化 Na 溶液では強度殆ど低下しない	強酸化剤に侵されるが，次亜塩素酸塩，過酸化物などによる漂白で損傷しない	一般溶剤には溶解しない．銅アンモニア溶液，銅エチレンジアミン溶液に溶解する	一般に用いられる染料：反応，直接，バット，ナフトール，硫化，媒染，塩基性，顔料	虫には抵抗性あり，カビに侵される
熱希酸，冷濃酸により強さ低下し，さらに分解するが，5％塩酸，11％硫酸では強さは殆ど低下しない	アルカリに膨潤し強度低下するが，4.5％苛性ソーダ溶液で強度殆ど低下なし				
レーヨンに同じ	ポリノジックに同じ	レーヨンに同じ	レーヨンに同じ	レーヨンと同様であるが，初期の染色速度大	レーヨンに同じ
熱塩酸，濃硫酸，濃硝酸により分解するが，3％塩酸，10％硫酸では強さは殆ど低下しない	強アルカリによりけん化され強さ低下するが0.03％水酸化 Na 溶液では強さ殆ど低下しない	強酸化剤に侵されるが，次亜塩素酸塩，過酸化物などによる漂白で損傷しない	アルコール，エーテル，ベンゼン，パークレンなどには溶解しない．アセトン，氷酢酸，フェノールに溶解する	一般に用いられる染料：分散，顕色性分散，酸性，塩基性	虫には十分抵抗性あり，カビには抵抗性が強い
熱強酸により分解するが，希酸では強さは殆ど低下しない	強アルカリによりけん化され強さ低下するが0.5～1％水酸化 Na 溶液では表面のみけん化され強さ殆ど低下しない		アルコール，エーテル，ベンゼンなどには溶解しない．アセトンには膨潤し部分的に溶解する．メチレンクロライド，氷酢酸に溶解する	一般に用いられる染料：分散，顕色性分散，酸性	
濃塩酸，濃硫酸，濃硝酸で一部分解を伴って溶解するが，7％塩酸，20％硫酸，10％硝酸では強さ殆ど低下しない．	50％水酸化 Na 溶液，28％アンモニア溶液では，強さ殆ど低下しない	一般に良好な抵抗性あり	一般溶剤には溶解しない．フェノール類（フェノール，m-クレゾールなど），濃ギ酸に溶解，氷酢酸に膨潤，加熱により溶解する	一般に用いられる染料：酸性，金属錯塩，分散，反応，クロム特殊タイプに用いられる染料：カチオン	完全に抵抗性あり
35％塩酸，75％硫酸，60％硝酸では強さ殆ど低下しない	10％水酸化 Na 溶液，28％アンモニア溶液では，強さ殆ど低下しない	一般に良好な抵抗性あり	一般溶剤には溶解しない．熱 m-クレゾール，熱 o-クロロフェノール，熱ニトロベンゼン，熱ジメチルホルムアミド，40℃フェノール・四塩化エタン混合液に溶解する	一般に用いられる染料：分散，顕色性分散特殊タイプに用いられる染料：カチオン	完全に抵抗性あり

繊維／性能		引張強さ (cN/dtex)		乾湿強力比 (%)	伸び率 (%)	初期引張抵抗度（見かけヤング率）	比重	公定水分率 (%)	熱の影響		耐候性（屋外暴露の影響）
		乾燥	湿潤		乾燥	乾燥を			軟化点	溶解点	
アクリル	s	2.2〜4.4	1.8〜4.0	80〜100	25〜50	22〜55	1.14〜1.17	2.0	190〜240℃	明瞭でない	強度殆ど低下しない
アクリル系	s	1.9〜3.5	1.8〜3.5	90〜100	25〜45	18〜49	1.28	2.0	150℃	明瞭でない	強度殆ど低下しない
ポリウレタン	f	0.5〜1.1	0.5〜1.1	100	450〜800	−	1.0〜1.3	1.0	明瞭でない	150〜230℃	強度やや低下し,やや黄変
ビニロン	s	3.5〜5.7	2.8〜4.6	72〜85	12〜26	22〜62	1.26〜1.30	5.0	220〜230℃	明瞭でない	強度殆ど低下しない
ビニリデン	f	1.3〜2.3	1.3〜2.3	−	18〜33	−	1.70	0.0	145〜165℃	165〜185℃	強度殆ど低下しない
ポリ塩化ビニル	f	2.4〜3.3	2.4〜3.3	100	20〜25	26〜44	1.39	0.0	明瞭でない	200〜210℃	強度殆ど低下しない
ポリプロピレン	s	4.0〜6.6	4.0〜6.6	100	30〜60	18〜49	0.91	0.0	140〜160℃	165〜173℃	強度殆ど低下しない
ポリエチレン（低圧法）	f	4.4〜7.9	4.4〜7.9	−	8〜35	−	0.94〜0.96	0.0	100〜115℃	125〜135℃	強度殆ど低下しない

f：フィラメント, s：ステープル.
注1）主として衣料用に使用されている「普通タイプ」の性能を示す.
　2）「cN」はセンチニュートン.
　3）「一般溶剤」はアルコール, エーテル, ベンゼン, アセトン, ガソリン, パークレンを指す.
（日本化学繊維協会：繊維ハンドブック, 2019所収「繊維性能表」および繊維学会編：繊維便覧（第3版）, 丸善, 2004より引用作成）

酸の影響	アルカリの影響	他の化学製品の影響	溶剤の影響	染色性	虫・カビの影響
35%塩酸，65%硫酸，45%硝酸では強さ殆ど低下しない	50%水酸化 Na 溶液，28%アンモニア溶液では，強さ殆ど低下しない	一般に良好な抵抗性あり	一般溶剤には溶解しない．ジメチルスルホキサイド，熱飽和塩化亜鉛，熱65%チオシアン酸カリ溶液に溶解する	一般に用いられる染料：カチオン，塩基性，分散　特殊タイプに用いられる染料：酸性，金属錯塩	完全に抵抗性あり
35%塩酸，70%硫酸，40%硝酸では強さ殆ど低下しない	50%水酸化 Na 溶液，28%アンモニア溶液では，強さ殆ど低下しない	一般に良好な抵抗性あり	アセトンを除く一般溶剤には溶解しない．アセトン，ジメチルホルムアミド，ジメチルスルホキサイド，シクロヘキサノンに溶解する	一般に用いられる染料：カチオン，塩基性，分散	完全に抵抗性あり
強酸で強さ殆ど低下しない	強アルカリで強さ殆ど低下しない	塩素系漂白剤で強さ低下し黄変する．ドライクリーニング剤に対して抵抗性がある	一般溶剤には殆ど変化しない．温ジメチルホルムアミドに膨潤ないしは溶解する	含金属，酸性，分散，クロム染料等で染色可能	完全に抵抗性あり
濃塩酸，濃硫酸，濃硝酸で膨潤あるいは分解するが，10%塩酸，30%硫酸では強さ殆ど低下しない．	50%水酸化 Na 溶液では強さ殆ど低下しない	一般に良好な抵抗性あり	一般溶剤には溶解しない．熱ピリジン，フェノール，クレゾール，濃ギ酸に膨潤，あるいは溶解する	一般に用いられる染料：バット，硫化バット，金属錯塩，硫化，直接，顔料	完全に抵抗性あり
－	－	－	－	－	－
濃塩酸，濃硫酸では強さ殆ど低下しない	50%水酸化 Na 溶液，濃アンモニア溶液では，強さ殆ど低下しない	殆ど変化しない（参加還元剤に対しても良好な耐性あり）	アルコール，エーテル，ガソリンには溶解しない．ベンゼン，アセトン，熱パークレンに膨潤する．テトラヒドロフラン，シクロヘキサノン，ジメチルホルムアミド，熱ジオキサンに溶解する	一般に用いられる染料：分散，ナフトール，含金属（キャリアー染色が主である）	完全に抵抗性あり
濃塩酸，濃硫酸，濃硝酸では強さ殆ど低下しない	50%水酸化 Na 溶液，28%アンモニア溶液では，強さ殆ど低下しない	殆ど低下しない	アルコール，エーテル，アセトンには溶解しない．ベンゼンには高温時膨潤する．パークレン，四塩化エタン，四塩化炭素，シクロヘキサノン，モノクロルベンゼン，テトラリン，キシレン，トルエンには高温時徐々に溶解する	一般に顔料による原液染および分散染料（ポリプロピレン用）による染色も可能．特殊タイプに用いられる染料：酸性	完全に抵抗性あり
－	－	－	－	－	－

索　　引

編著者略歴

ひら い いく こ
平井郁子

1982年　大妻女子大学大学院
　　　　修士課程修了
現　在　大妻女子大学教授
　　　　博士（工学），東京工業大学

まつなし く に こ
松梨久仁子

1986年　日本女子大学大学院
　　　　修士課程修了
現　在　日本女子大学准教授
　　　　博士（学術），日本女子大学

生活科学テキストシリーズ
衣服材料学　　　　　　　　　　　定価はカバーに表示

2020年4月5日　初版第1刷

編著者　平　井　郁　子
　　　　松　梨　久　仁　子
発行者　朝　倉　誠　造
発行所　株式会社　朝　倉　書　店
　　　　東京都新宿区新小川町6-29
　　　　郵　便　番　号　　162-8707
　　　　電　話　　03 (3260) 0141
　　　　ＦＡＸ　　03 (3260) 0180
　　　　http://www.asakura.co.jp

〈検印省略〉

©2020 〈無断複写・転載を禁ず〉　　　　精文堂印刷・渡辺製本

ISBN 978-4-254-60635-5　C 3377　　　Printed in Japan